Dʳ A. LAPIERRE

Campagne des Emigrés

dans l'Argonne

en 1792

SEDAN

LIBRAIRIE GENIN

20. Rue Gambetta, 20

1911

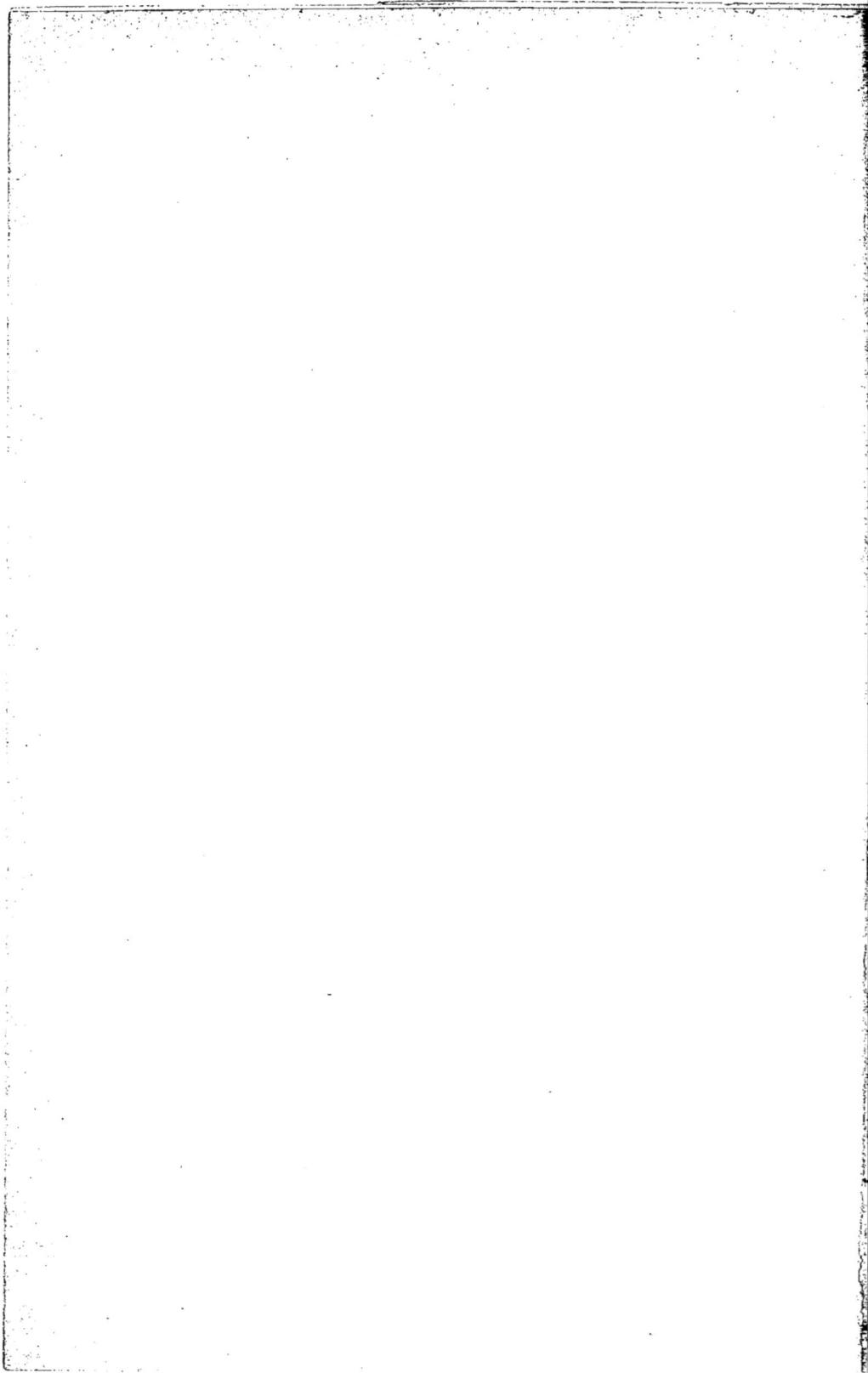

Campagne des Emigrés dans l'Argonne

en 1792

Dr A. LAPIERRE

Campagne des Emigrés

dans l'Argonne

en 1792

SEDAN

LIBRAIRIE GENIN

20, Rue Gambetta, 20

1911

AVANT-PROPOS

L'histoire de la Campagne des Émigrés dans l'Argonne en 1792 est éparse dans divers ouvrages. Le professeur Chuquet l'a magistralement racontée dans ses grandes lignes *(Les Guerres de la Révolution)*. Mais des détails nombreux sont restés ignorés, enfouis dans les Archives publiques ou dans les manuscrits inédits. Il était indispensable, pour l'étude de cette époque, de réunir tous les documents qui intéressent cet épisode. Il y avait là une lacune que j'ai voulu combler.

Pour que ce récit reflète fidèlement l'état d'âme des contemporains, il faut placer l'armée des Princes dans son cadre historique et étudier le milieu dans lequel elle se mouvait.

Déjà la génération qui se levait, imprégnée des théories nouvelles, regardait d'un œil méfiant et irrité les défenseurs du passé. La présence des régiments de Bouillé dans l'Est y créait un malaise permanent. Après le drame de Varennes, des haines latentes sommeillaient, prêtes à éclater. L'arrivée des armées régulières en Champagne et les proclamations retentissantes des généraux exaltaient le patriotisme du paysan qui, debout sur son sillon, prêtait une oreille attentive à tous les murmures venus de la frontière. Les volontaires de 1791, et surtout ceux de 1792, en garnison dans nos petites villes, y avaient semé leur fanatisme et leurs violences. Un vent de révolte soufflait. L'ardent conflit des idées allait provoquer des luttes à main armée. Ces événements feront comprendre les ressentiments qui enveloppèrent les émigrés, et expliqueront les persécutions qu'ils subirent. Il était donc nécessaire de grouper autour de cette relation tous les faits contemporains de l'histoire locale.

On ne trouvera dans ce travail que la narration des actes quotidiens, dans toute leur simplicité ou leur tristesse. Pour les connaître, j'ai évoqué le souvenir des vieux parents qui, dans les longues veillées d'hiver, contaient à ma prime jeunesse ces journées fiévreuses. J'ai feuilleté les mémoires des royalistes qui, à un titre quelconque, prirent part à cette manifestation armée ; mais elle avait laissé une blessure si profonde en leur âme que nombreux sont ceux qui ne font qu'effleurer le sujet : on oublie si volontiers les heures douloureuses de la vie! J'ai interrogé les monuments et les paysages ; j'ai relu les discours et les journaux du temps, pour me pénétrer des sentiments de tous. J'ai exploré à Paris les Archives Nationales et celles du Ministère de la Guerre. J'ai fouillé les Archives de Lorraine à Metz, celles de la Meuse, de la Marne et surtout des Ardennes. J'ai réuni en un faisceau, aussi impartialement que possible, tous les éléments de la question, — et je viens greffer ce très modeste rameau sur le vieux tronc de l'Histoire.

CAMPAGNE DES ÉMIGRÉS DANS L'ARGONNE

EN 1792

I

LES ÉMIGRÉS A COBLENTZ

Le 14 Juillet 1789, la Bastille tombait sous l'assaut formidable du peuple : c'est le premier acte du drame révolutionnaire. Désormais la royauté est démasquée, prisonnière, vaincue. Déjà les débauches et les dettes du comte d'Artois en font le prince le plus impopulaire de Paris. Aussi, le 18 juillet, il passe la frontière avec ses familiers. Il emmène Mme de Polastron. Ce départ est joyeux ; on est convaincu que, dans trois mois, on fera une rentrée triomphale. On va chercher des alliés pour châtier les rebelles et créer le noyau de la future armée des Princes. Mais cette fugue est désastreuse pour la famille royale.

Les émeutes des 5 et 6 octobre sèment de nouvelles alarmes et chassent un nouveau flot d'émigrants. L'affaire de Varennes (22 juin 1791) enlève à la noblesse ses dernières illusions. Désormais l'esprit républicain s'affirme. Monsieur quitte Paris le même jour que son frère et, plus heureux que lui, gagne Bruxelles sans encombre (1). Mais après l'assemblée du 22 juin, qui exige le serment des officiers, l'émigration devient légion. A Rocroy, le colonel du régiment de Vivarais convoque d'urgence le corps des officiers le 28 juin. « Le roi n'est pas libre, leur dit-il ; les députés sont des révoltés auxquels il serait honteux d'obéir ; nous refusons le serment. » Quatre heures plus tard, ils quittaient Rocroy avec armes et bagages et passaient en Belgique. Deux mille officiers

(1) Louis XVIII, *Relation d'un voyage de Paris à Bruxelles et à Coblentz en 1791*. — Paris, 1823, in-18.

désertèrent de septembre à décembre 1791. Tous ceux qui portaient la particule durent fuir devant l'indiscipline et la haine des soldats. La cavalerie émigra plus tard (avril-juillet 1792) ; les officiers restèrent pour toucher leurs appointements et entraîner les hommes à la désertion : deux régiments émigrèrent en entier, le Royal-Allemand et les hussards de Saxe.

C'est alors qu'on prêche une véritable croisade dans les châteaux. Le mot d'ordre passe de manoir à gentilhommière, de régiment à vaisseau. L'exode est continu. Cela devient une mode, une partie de plaisir. Les filles de Paris insultent ceux qui ne partent pas et leur envoient des quenouilles. On abandonne les souverains à tous les périls. Le roi dit à M. de Blacquetot : « Si vous voulez me servir, ce n'est pas à 300 lieues de moi qu'il faut courir, c'est près de moi qu'il faut rester. » La reine délaissée traitait de lâches les émigrants. Ceux qui regardaient comme un devoir de veiller sur la famille royale étaient injuriés, considérés comme révolutionnaires.

Alors, de toutes les provinces de France, la noblesse reflue sur Coblentz. Dans une seule journée, il passe 53 carrosses à Cambrai. Les plus modestes vont à pied, sac au dos, comme des bohémiens, portant leur pain, marchant la nuit, cherchant du repos dans les bois et les fermes isolées. C'est un mélange d'enfants et de vieillards, jargonnant tous les patois. A la frontière, les enfants, au rire narquois, chantent :

> Eh ! Lon lon là, laissez-les passer
> Sur les terres de l'Empire.
> Eh ! Lon lon là, laissez-les passer.
> Ils auront bientôt le nez cassé.

Coblentz déborde de ce torrent d'hommes. Chaque jour affluent des voitures de toutes formes : berlines armoriées, carrosses dorés, diligences, pataches. Les grands seigneurs entrent en campagne avec leur femme et leur maîtresse. Les élégantes arrivent en des chaises de poste où s'entassent cartons et caisses.

Bruxelles, qui fut toujours hospitalière aux vaincus de la politique, est le rendez-vous de l'émigration qui festoie. On y passe sa vie à s'amuser, à danser, à se griser. Les officiers de marine, qui gagnaient péniblement Coblentz, traversèrent Bruxelles et rencontrèrent une foule d'émigrés fringants, en galante compagnie. Ces jeunes insolents toisèrent de haut les petits gentilshommes, dont il eût été décent de respecter la glorieuse misère.

Ils seront moins arrogants après Jemmapes (6 nov. 1792) quand, écrasés par le reflux des Autrichiens vaincus, chassés par les soldats de Dumouriez, ils s'enfuiront en une indescriptible cohue.

Le 12 novembre 1791, le comte de Provence et le comte d'Artois, quittant leur campagne, viennent s'établir à Coblentz. Malgré la pénurie de leur trésor, ils se livrent à de folles dépenses et s'entourent d'un luxe royal. Ils ont salles de gardes, pages, sentinelles. Ils mettent sur pied deux compagnies de gardes. Les Cent-Suisses du roi servent à la garde de leur logis, et deux compagnies à pied du corps des officiers de marine font près d'eux un service journalier. L'écurie d'Artois a quatre-vingts chevaux. Il y a cent couverts à leur table cinq jours par semaine.

Le comte de Provence est un philosophe sceptique, gaulois, un bel esprit avec un appétit superbe. Il a une indomptable confiance dans le triomphe de ses droits. Il s'efface souvent devant son frère et passe son temps en marivaudages et en épigrammes chez Mme de Balbi. Celle-ci est hautaine, spirituelle, caustique ; elle se plaît à tenir à ses pieds une foule de jeunes courtisans.

Le comte d'Artois est présomptueux, intransigeant. D'une intelligence étroite, il parle toujours et n'écoute jamais. S'il plaît aux dames, les soldats ne le connaissent pas. Il est le moins fait pour diriger la coalition et reconquérir un royaume. Sa confidente est Mme de Polastron, femme captivante, passionnée, à qui il a voué sa vie ; elle a autour d'elle un cénacle de femmes intrigantes. Le prince, qui met son plaisir au-dessus de sa gloire, oublie trop souvent chez elle les affaires de la monarchie. Calonne y fréquente. On y trouve les papiers publics : les *Annales patriotiques,* le *Mercure de France*, le *Journal des Amis de la Constitution.*

Le roi de Suède, qui professe une sorte de culte pour Marie-Antoinette, est aussi exalté qu'eux.

Tous travaillent à ameuter l'Europe contre la France. Ils ont la fatuité de croire que les gouvernements vont abandonner leurs affaires pour s'occuper d'eux. Et pour plaider leur cause, pour demander des subsides et des hommes, ils envoient en mission, dans les cours étrangères, les favoris de Mme de Balbi. Mais ils sont antipathiques à Vienne même. Aucun souverain n'écoute les paladins. Il faut bien dire qu'on ne prend pas encore la Révolution au sérieux ; elle séduit plutôt qu'elle n'inquiète. Ce n'est encore que le mouvement philosophique du xviiie siècle, qui passe des livres ou des salons dans la rue.

Le comte d'Artois fait une cour acharnée à l'impératrice Cathe-
rine, l'aimable fée. De tous les souverains, elle seule a une politique
de grande race. Les autres sont des médiocrités. Mais elle a trop
d'affaires sur les bras et se soucie peu de jeter son épée dans la
balance. Elle exècre la Révolution, mais elle dédaigne la cause du
roi, qu'elle accable de mépris pour son attitude humiliée. Elle se
contentera de prodiguer des paroles flatteuses aux émigrés, d'envoyer des roubles aux Princes, et de pousser la Prusse et l'Autriche,
pour avoir les mains libres dans le partage de la Pologne.

Seul, le roi de Prusse, Frédéric-Guillaume II, se laisse prendre à
la phraséologie des émigrés. C'est un passionné, un violent, qui
est plein de mépris pour les Jacobins. Il rêve d'écraser la Révolution ; il rêve surtout d'arrondir ses États. L'empereur d'Autriche
le suivra à contre-cœur. Et la ligue européenne, la croisade des
souverains, va se réduire à l'alliance de Berlin et de Vienne. On
eut la naïveté de croire cette coalition désintéressée ; qu'elle allait,
pour le principe, châtier les révoltés, rétablir le roi et les émigrés
dans leurs droits séculaires ; mais ses ministres ne parlaient de
l'affaire qu'avec un jargon de brocanteurs ; ils espéraient bien,
après la victoire, se tailler la part du lion et tirer un gros profit
de leur expédition.

Dans leurs conciliabules quotidiens, princes et émigrés, infé-
rieurs aux événements, donnent la mesure de leur ignorance et de
leur fatuité. Ils considèrent les gens du tiers comme une horde
d'assassins qu'il faut châtier et pendre aux arbres du boulevard ;
leurs femmes et leurs filles seront fouettées en place publique ; la
clémence serait un crime. Une seule idée les mène : la répression
brutale. Si on voulait abandonner leurs concitoyens à leur
vengeance, disait Fersen, la France ne serait bientôt plus qu'un
monstrueux cimetière. C'est l'ébauche de la Terreur blanche.

Aveuglés par leur ambition, ils ne voient rien de l'avenir qui
menace ; ils restent sourds aux grondements du peuple. Ils n'ont
aucune notion de l'histoire : ils en sont toujours au temps des
croisades, tout au moins de la Ligue ou de la Fronde. Depuis ces
âges lointains, le monde n'a pas marché ! Ils ne comprennent pas
ce colossal mouvement d'idées qui s'est fait depuis un demi-siècle.
Ils sont trop loin de leurs vassaux ou de leurs soldats : ils ne se
sont jamais penchés sur l'âme du peuple pour l'approfondir. Aussi
quelle sera leur déconvenue quand ils seront aux prises avec la
réalité !

Et ils parlent de la campagne prochaine avec une incroyable légèreté : la conquête de la France est une bagatelle, une simple promenade militaire ; ils affirment gravement au roi de Prusse que le peuple s'apprête à les recevoir avec enthousiasme ; qu'à leur arrivée, les soldats — des gueux méprisables — pendront leurs officiers et accourront se rallier au drapeau blanc. Leurs trompettes sommeront les villes de se rendre, et les portes s'ouvriront, les murailles tomberont. Dans trois semaines on sera sur la place Royale, au milieu des acclamations des vassaux humiliés. Ils prenaient leurs rêves pour des réalités. Ils avaient une maladie : se croire désirés, attendus. Ils s'imaginaient qu'il leur suffirait de se montrer pour réduire la Révolution ; leur arrivée, au contraire, allait décupler les haines du peuple et les forces vives du pays.

La noblesse de province s'est entassée dans les faubourgs, dans les villages voisins. Ils sont quinze et vingt dans une chambre de paysan ; ils couchent sur la paille, n'ayant d'autre drap de lit que leur chemise et leurs bottes. Quelques-uns ont trouvé une grande maison ou un château près de Coblentz et y vivent en commun, avec une cuisinière. Les logements sont à des prix exorbitants. Ils croient si bien à un retour prochain qu'ils ne se sont même pas assurés des ressources nécessaires à la vie ; ils louent à la semaine. Aussi bientôt l'argent manque ; ils peuvent à peine se vêtir. C'est la misère noire, qu'atténuent parfois de maigres subsides, péniblement arrachés par d'Artois aux gouvernements et distribués avec parcimonie. Les Princes reçoivent un jour 200,000 florins de l'Autriche ; mais ils en vivent grassement, avec leurs maîtresses et leurs aides de camp ; ceux qui allaient risquer pour eux leurs biens et leur peau n'ont même pas les miettes du festin.

Leur vie devient d'une tristesse navrante. Sous le ciel gris, dans les rues grises, ils promènent sans trêve leur ennui et leur pauvreté loqueteuse, songeant à la famille absente, au vieux castel abandonné. Leur marche cadencée trouble le silence des rues sordides et la paix des quartiers tranquilles. A l'arrivée des diligences, ils assaillent les nouveaux venus, cherchant des visages connus, les interrogeant anxieusement sur les événements. Fatigués, découragés de leur inaction, ils vont s'asseoir sur les bords du Rhin, regardant glisser les flots glauques, écoutant le chant monotone et berceur des bateliers ou des pasteurs qui aiguillonnent les bœufs. Chaque jour, ils passent par milliers sur la place de la

Résidence, devant l'hôtel de Mme de Polastron : d'Artois y est sans cesse à la fenêtre, entouré de ses familiers, et donnant à ces hommes qui ont faim le spectacle du luxe de sa maîtresse. La plupart sont de braves gens, d'une fortune modeste, qui, chassés de France où la place n'était plus tenable, mais Français toujours par le cœur, sont venus sans grand enthousiasme, pour obéir à un ordre parti de haut et donner leur sang au culte de la monarchie.

Aussi une haine profonde les sépare des gentilshommes de Versailles, qui n'ont pour eux que du mépris et une morgue insolente. Cette noblesse est d'une arrogance aussi effrénée qu'à la cour ; elle déploie un luxe aussi scandaleux. C'est toujours le même fétichisme de l'étiquette. Les Princes sont entourés d'une foule de courtisans sans vergogne. Leur maison est un cloaque d'intrigues et de cabales (Augeard de Buzancy). Aucune vertu d'abnégation : l'égoïsme les mène, et ils n'ont cure de la chose publique. Ce n'est pas une croisade austère, c'est une fronde tapageuse et inconsidérée. Les Princes, qui ont chacun trente aides de camp, nomment cent officiers d'état-major. Ils ne peuvent satisfaire tous les appétits. On ne rencontre que doubles épaulettes de colonel, portées par des fats. Au milieu de tous ces ambitieux, aucune individualité capable de grandes énergies. Et si les Princes ne sont pas de l'argile dont sont faits les conducteurs de peuples, ils n'ont, dans leur entourage, aucun homme de génie pour prendre la direction de l'entreprise. Faisant litière de l'opinion publique, n'ayant aucun souci de la gravité de la situation, ils vivent dans une débauche révoltante ; ils passent leur vie en galanteries, en duels, en fêtes, en bals, en festins à la cour de l'Electeur, chez les Princes, à l'auberge des *Trois Couronnes*, le cabaret à la mode (1). On y fait venir des roses de Paris. On y joue des sommes folles, et nombreux sont ceux qui y perdent tout leur avoir.

Ils vont, chaque jour, faire leur cour aux maîtresses des Princes — ces divinités, comme on les appelle — qui, sans compter, distribuent grades et cordons à leurs favoris et brouillent les cartes. C'est dans ce milieu frivole de jeunes étourdis, de femmes légères, qu'on élabore les plans de campagne, qu'on traite les graves affaires de la monarchie. On y confie la direction de l'armée en formation à de vieux généraux, dépourvus d'activité et de

(1) Marquise de Lage de Volude, *Souvenirs d'émigration*, Evreux, 1869, in-8°.

spontanéité. Broglie a 74 ans et Castries 65. On n'écoute pas les gens sérieux. Les sages n'osent pas élever la voix. Un certain comte de Wiltz propose de lever un corps de 6,000 Illyriens ou Albanais; il emporte pour cela une somme considérable. On n'entendit plus parler de lui ni des Illyriens! Mais, en attendant, on nomma officiers de ces futurs régiments une foule de prétentieux qui se hâtèrent de porter les épaulettes.

Que de petits hommes en face de grands événements !

Bientôt, dans cette vie fastueuse, les plus fortunés engloutissent leurs ressources, et ils commencent à connaître, eux aussi, les cruautés de la lutte pour la vie. Les plus grandes dames de l'aristocratie finissent par être modistes, mercières, parfumeuses, couturières, comédiennes, marchandes de baisers. Les prêtres chantent dans les rues; les chevaliers de Saint-Louis sont tailleurs, savetiers, portefaix. On rencontre des petits maîtres et des élégantes dont les riches atours sont fanés, effilochés! Des duchesses, qui avaient en France un million de revenus, connurent les affres de la faim. Ils n'ont même pas de pain. Ils en sont réduits, la plupart, à se nourrir de lait et de pommes de terre.

Et si, dans les premiers jours de l'émigration, ils furent accueillis avec allégresse, alors que l'argent coulait à flots, maintenant qu'ils ne paient plus, qu'ils raillent les créanciers et même les gentilshommes allemands, ils sont détestés pour leur misère, pour leur arrogance et leur orgueil.

Cependant il arrive toujours des émigrants. Ils reçoivent, à Luxembourg, un passeport du baron Louis-Albert de Pouilly (1), et se rendent à Coblentz, aux bureaux de la Guerre, que dirige le marquis de la Rozière (2), sous les ordres du maréchal de Broglie.

Mais les retardataires sont fort mal reçus; il n'y a plus de place pour eux; il n'y a plus de faveur à accorder. Les purs deviennent intolérants; on traite les arrivants d'espions, de bourgeois, et les princes ne veulent pas de gens du tiers au milieu des gentils-

(1) Louis-Albert de Pouilly, baron de Pouilly et du Chauffour, comte de Roussy, seigneur de Quincy, Luzy, Pouru, Moulins, Escombres, Lombut, Messincourt, Villy, Petit-Failly et Vilosnes en partie, né à Pouilly (Meuse) le 13 décembre 1731. Lieutenant général des armées du roi, chevalier de Saint-Louis, député de la noblesse du bailliage de Verdun aux États généraux; fut aide de camp du roi de Prusse, qui l'investit du comté de Mensdorff. Mourut à Hanau en 1795. Marié à : 1° Marie-Antoinette de Vassinhac d'Imécourt ; 2° Marie-Antoinette-Philippine de Custine de Guermange. Son fils Emmanuel de Pouilly, comte de Mensdorff, établi en Autriche, continue la branche.

(2) Louis-François Carlet, marquis de la Rozière, seigneur de Wagnon, naquit à Mézières en 1733. Fit la guerre de 7 ans avec Broglie ; maréchal des logis de l'armée des Princes, nommé en 1792 commandeur, puis grand-croix de Saint-Louis. Commande ensuite l'armée portugaise et meurt à Lisbonne le 7 avril 1808.

hommes ; leur armée est un corps d'élite dont ils veulent faire un bataillon sacré.

Et le trésor des Princes est toujours vide. Ils demandent de l'argent de tous côtés (1), mais le luxe insolent de leurs maîtresses les avilit aux yeux de l'étranger (de Maleissye). En vain Harel de la Vertu négocie un emprunt de 25 millions à Rotterdam (2) ; en vain Calonne crée de faux assignats ; l'argent manque encore. Des officiers pauvres réclament l'arriéré de leur solde ; d'autres veulent des gratifications. Heureusement on va entrer en France et imposer des contributions au peuple.

On perd un temps précieux. Chaque jour enlève des espérances à la famille royale et permet aux patriotes d'organiser la défense.

⁎

Car, tandis qu'ils donnent à l'étranger le spectacle de leur légèreté et de leurs divisions, tandis que Vienne et Berlin s'apprêtent avec des lenteurs désespérantes, la France lève des armées et prépare la déchéance de Louis XVI. La Révolution avance avec la force d'un ouragan, emportant comme des fétus de paille tout ce qui lui barre le chemin. Et les scènes du grand drame se succèdent chaque jour plus tragiques.

Le 9 novembre 1791, l'Assemblée décrète la peine de mort pour tous les émigrés qui ne seront pas rentrés le 1er janvier. Les femmes et les enfants au-dessus de dix ans subiront la même peine.

En vain le roi, effrayé de l'exaltation des esprits et craignant une nouvelle jacquerie, qui coûterait la vie à la famille royale, rappelle à lui les émigrés : ils y répondent par un manifeste qui est un refus formel (3) ; du reste, le roi n'est plus pour eux qu'un souverain détrôné, incapable de commander, de sauver la couronne, et qu'ils accablent d'injures.

Le 10 avril 1792, la France déclare la guerre à l'Autriche : c'est en réalité la lutte contre les rois, avec la vieille Europe.

Le 10 juillet, Louis XVI désavoue ses frères dans une lettre d'une dignité triste ; ils y font une réponse impertinente.

Le 11 juillet, l'Assemblée déclare la Patrie en danger.

(1) Lettres au roi de Prusse sur les embarras des Princes (Archives Nat., F 7 6255, 21 juin 1792).
(2) Arch. Nat. O 3 2611 et O 3 2612.
(3) Lettre adressée au roi, Coblentz, 1er déc. 1791. — Plaqu. de 15 pp.

Le 25 juillet, apparaît le fameux manifeste arraché à Brunswick par les émigrés. Il fut rédigé par Limon, un coquin, disait la reine. Ce factum était une impertinence diplomatique, que Brunswick regretta toute sa vie ; il donna plus de cent bataillons à la France, qui se cabrait sous l'injure. A Paris, il déchaînera l'armée de l'émeute et provoquera la journée sanglante du 10 août. On invoqua, pour lancer ce manifeste, la raison d'État, la même qui fera tomber la tête de Louis XVI.

Aussi, à l'annonce de ces nouvelles effrayantes, l'exaltation des émigrés est à son comble. Ils perdent patience en juillet ; l'exil n'est plus gaiement supporté. Il va devenir enfin une puissance, une manifestation armée. Il est grand temps, écrit l'émigré d'Espinchal, que les petits-fils de Henri IV se mettent à la tête de la noblesse et que les panaches blancs montrent le chemin de la gloire.

SOURCES

D'Espinchal : *Mémoires* (Bibliothèque de Clermont-Ferrand, Ms. 306).

Histoire secrette [sic] *de Coblence dans la Révolution des Français*, Londres, 1795.

Chateaubriand : *Mémoires d'Outre-Tombe*, t. II, et *Mélanges et Poésies*, 1831, p. 115.

De Las Cases : *Mémorial de Sainte-Hélène*, 2 vol., Paris, 1842.

Th. Muret : *Histoire de l'Armée de Condé*, Paris, 1844.

Mortimer-Ternaux : *Histoire de la Terreur*, Paris, 1862.

Comte de Neuilly : *Souvenirs et Correspondance (Dix années d'émigration)*, pub. par Maurice Barberey, Paris, 1865, in-8°.

Augeard : *Mémoires secrets*, Paris, 1866.

Victor de Saint-Genis : *Une Conspiration royaliste à Strasbourg* (Revue des Deux-Mondes, 15 mars 1880, p. 392).

H. Forneron : *Histoire générale des Emigrés pendant la Révolution française*, Paris, 1884, 3 vol.

Comte de Contades (*Souvenirs* du), Coblenz et Quiberon. In-12, Paris, 1885.

Chuquet : *La première invasion prussienne*, Paris, 1886.

De Saporta : *L'Emigration*, d'après le journal inédit d'un émigré (Revue des Questions historiques, XLVI, 1889, p. 516).

Alb. Sorel : *L'Europe et la Révolution*, in-8°, Paris, 1887 et suiv.

Duchesse de Gontaut : *Mémoires*, in-8°, Paris, 1891.

Comte de Montgaillard : *Souvenirs*, in-8°, Corbeil, 1895.

Bittard des Portes : *Histoire de l'Armée de Condé pendant la Révolution*, in-8°, Paris, 1896.

J. de Norvins : *Mémorial*, pub. par Lanzac de Laborie, Paris, 1896.

De Maleissye : *Mémoires d'un officier aux gardes-françaises*, 1789-1792, Paris, 1897.

Ernest Daudet : *Autour d'un mariage princier*, récit des temps de l'Emigration (Revue des Deux-Mondes, nov. 1904).

Ernest Daudet : *Histoire de l'Emigration (1789-1793)*, Paris, 3 vol. (s. d.).

Pierre de Vaissière : *Lettres d'Aristocrates*, Paris, 1907.

Louis Madelin : *Rois en exil. Les Bourbons émigrés (1789-1814)* (Revue des Deux-Mondes, 15 mai 1908).

Rheinischer Antiquarius I. Abteilung I. Band, Coblenz, die Stadt, 1851.

L'ARMÉE DES PRINCES

Les émigrés, réunis autour de Coblentz et de Bonn, espéraient qu'ils constitueraient une seule armée et que cette force imposante marcherait sur Paris. Mais dans la conférence tenue à Mayence (20-21 juillet), il fut décidé qu'ils seraient divisés en trois corps, sans doute pour affaiblir leur prépondérance. Ce fut le commencement des désillusions. 5,000 hommes restèrent dans le Brisgau, avec le prince de Condé, et 4,000 entrèrent dans les Pays-Bas, sous le duc de Bourbon. Le reste forma l'armée du Centre ou armée des Princes ; le comte de Provence et le comte d'Artois étaient avec elle. Elle comprenait 12,000 émigrés et était ainsi composée :

Troupes de ligne : Régiment de Berwick-infanterie (aujourd'hui 88e de ligne) ; Royal-Allemand (99e de ligne) ; Royal-Suédois (89e de ligne) ; les hussards de Saxe (6e hussards), modèle d'instruction et de discipline, commandés par le baron de Gottesheim, le comte de Fresnel et le baron de Wardner.

Maison du roi. Elle avait été réorganisée à Coblentz avec des hommes venus de tous les coins de la France et comprenait :

Mousquetaires du roi (chef : marquis du Hallay).

Chevau-légers (comte de Montboissier).

Grenadiers à cheval (vicomte de Virieu).

Gendarmes du roi (marquis d'Autichamp).

Chevaliers de la Couronne (comte de Bussy).

Compagnie de Saint-Louis ou des gardes de la porte (marquis de Vergennes).

Maison militaire de Monsieur (comtes d'Avaray et de Damas).

Maison militaire du comte d'Artois (bailli de Crussol, comte d'Escars).

Coalitions de la noblesse de provinces. Elles formaient huit compagnies. Toutes les provinces y étaient représentées. Les plus nombreuses étaient celle d'Auvergne, qui comptait 450 gentilshommes commandés par le marquis de Laqueuille (1), celle de Languedoc, de Bretagne où servait Châteaubriand, la compagnie de Champagne où étaient les seigneurs ardennais en grand nombre.

Brigades d'officiers émigrés. Ils suivaient à pied, comme simples soldats. La plus importante était celle de Navarre (4e de ligne actuel), conduite par son colonel, le marquis de Mortemart ; la brigade de Monsieur (9e dragons), où on remarquait l'escadron de Chartres-dragons (14e dragons) et de Périgord-dragons, sous les ordres du marquis de Verteillac ; l'escadron de Franche-Comté-chasseurs (4e chasseurs) et de Picardie-chasseurs (7e chasseurs), que commandaient le marquis de Coigny et le comte Erasme de Contades. Dans ces divers régiments sont incorporés des chasseurs impériaux russes et de Polignac, des hussards de Lauzun, de Bercheny et de Chamborant, deux escadrons de Dauphin cavalerie (marquis de Raincourt) et la brigade Commissaire général.

Les officiers de marine, instruits par le marquis de Treson, formaient deux compagnies d'infanterie, sous le commandement de Hector et Albert de Rioms ; et — ironie shakespearienne — un escadron de cavalerie, sous M. de Laporte-Vezin. Leur étendard était le pavillon déchiré de *La Belle-Poule.*

L'artillerie était peu nombreuse. Les officiers, éloignés de la cour, étaient restés dans les armées de la Révolution. Elle traînait simplement 12 pièces de 4. Les officiers faisaient le service de canonniers. Il y avait cependant quelques élèves de l'école de Châlons, entre autres Duroc.

Enfin, elle comptait quelques officiers du *Génie,* la *Prévôté* et le service du *Corps de Santé,* pour lequel on avait accumulé un matériel considérable.

Cette armée est commandée par les maréchaux de Castries et de Broglie. Elle est parfaite en théorie. On retrouve tous les règlements sur l'ordre de bataille, sur les rangs et droits des différents grades (2), des règlements sur les manœuvres d'infanterie et de cavalerie, qui arrivent même au moment de partir.

Le directeur des vivres Laurent-André-Just Fornier de Colonge et l'intendant de Ballainvillers dépensent sans compter. On

---

(1) DE CHAMPFLOUR, *La coalition d'Auvergne,* Riom, 1899.
(2) Arch. Nat., O 3 2599.

amoncelle des vivres, des fourrages, des munitions, comme pour une armée formidable (1). On achète 3,000 chevaux dans la Saxe, et le roi de Suède envoie 5,000 chevaux à titre gracieux. Beaucoup d'officiers ont amené leur monture.

Cette armée coûte des sommes fabuleuses. On dépense 26 millions en 1792. C'est la dilapidation et le gaspillage, comme chez les sultanes. « Les chefs de corps monopolisent sur les achats. » Les emplois se vendent à des prix exorbitants : telle compagnie fut payée 35,000 livres.

Et cependant on y manque de tout. On ne fournit, la plupart du temps, ni vivres, ni munitions. Les hommes s'arment et s'équipent à leurs frais ; ils n'ont que des fusils de rebut qui ne peuvent tirer. Et si, dans les rues de Coblentz, on rencontre de brillants uniformes, nombreux sont les gentilshommes pauvres qui n'ont rien pour s'habiller, sont mal vêtus. mal chaussés. On oublie même de payer leur solde.

En revanche, il y a plus de mille officiers dans l'état-major et les aides de camp ; ils ne se donnent même pas la peine de seconder le commandement. Jamais machine n'eut moins d'ensemble.

Cependant, les armées de la coalition s'organisaient et avançaient de tous côtés. C'était, dans la région du Rhin, un sourd grondement de chariots, un vacarme effrayant d'artillerie, un perpétuel mouvement de régiments qui arrivaient à Coblentz.

Cette armée était composée de 42,000 Prussiens, de 6,000 Hessois, de 15,000 Autrichiens avec Clerfayt et de 14,000 avec Hohenlohe-Kirchberg. Le roi de Prusse est à leur tête. Mais toutes ces forces réunies — coalisés et émigrés — seront sous les ordres du duc de Brunswick.

Le duc était élevé à l'école du grand Frédéric. Il haïssait la Révolution et méprisait la démocratie, mais il détestait les émigrés, dont les prétentions l'obsédaient. C'était un vaillant, un intrépide, mais d'un caractère hésitant et indécis ; guerroyeur prudent et méticuleux, il n'avait ni audace ni hardiesse. Il allait envahir la France à contre-cœur. Courtisan obséquieux, il obéissait à son roi, par tradition de dépendance féodale. Frédéric-Guillaume était, au contraire, d'une ardeur martiale et voulait aller rapidement au cœur de la France. Sans le duc de Brunswick, il aurait peut-être mis en déroute les armées de la République. De cette

(1) Arch. Nat., O ³ 2598 et O ³ 2601.

différence de tempérament allaient résulter des conflits perpétuels qui auront de funestes conséquences pour la cause de la royauté ; elle créera, dans la direction, une dualité oscillante qui tranchera avec la forte unité de commandement de Dumouriez.

Le roi avait un cortège d'émigrés attachés à sa personne. Le baron de Roll représentait le comte d'Artois, et le marquis de Lambert le comte de Provence. Le vicomte de Caraman représentait Louis XVI ; il fit la campagne sous l'uniforme prussien, en qualité de major de cavalerie. Le baron de Pouilly et Heymann se joignirent à eux.

Les émigrés comptaient bien diriger la coalition ; ils aspiraient du moins à en constituer l'état-major. Mais Brunswick, craignant leur insubordination et leur légèreté, leur imposa, dès le premier jour, un rôle subalterne ; du reste Louis XVI redoutait, comme le duc, leur exaltation. Au lieu d'être les coryphées du drame, ils n'en seront que les figurants passifs. Ils vont rester en arrière, avec les bagages, malgré les protestations indignées des Princes.

Dès les premières entrevues, les émigrés avaient montré un véritable enthousiasme pour les officiers prussiens ; mais bientôt leur arrogance souleva contre eux un courant d'aversion et de haine. Il était grand temps qu'on entrât en campagne.

Enfin, l'armée des Princes quitte Coblentz le 12 juillet. Elle entre dans le Hundsrück, pour laisser la place à l'armée du roi de Prusse, qui se rassemble à Coblentz le 19, et prendre ensuite le chemin de Trèves.

On part avec la pluie. On se dirige sur Bingen. L'immense train de maison, les bagages sans nombre des Princes suivent par bateau.

Avec les Princes marchent les aides de camp, les trois états-majors, les Cent-Suisses, la prévôté et ses bureaux, les membres de leur conseil ; derrière eux, les officiers généraux avec leurs bagages, leurs cuisiniers. C'est un cortège extravagant, qui tranche avec le modeste train du roi et de Brunswick.

Le spectacle de cette inconcevable cohue, la mauvaise nourriture, les inquiétudes morales, le temps affreux, rendent la petite armée mélancolique. Pour se donner du cœur, des compagnies entières chantent : « Pauvre Jacques ! » ou « O Richard, ô mon roi ! » On voit à cheval, pêle-mêle, des jeunes gens, des magistrats, des financiers, des philosophes, des prêtres, des militaires réformés ; les freluquets coudoient les burgraves. Des vieillards trottinent péniblement dans la boue, les uns au bras de leur fils, les autres s'étayant d'un bâton. Le vicomte de Boishue va pieds nus, portant ses souliers à la pointe de sa baïonnette, pour ne pas les user. Il y a des caporaux en cheveux blancs et des soldats avec le cordon rouge de chef d'escadre.

Ces hommes qui, pour la plupart, n'ont jamais fait œuvre de leurs doigts, sont incapables de supporter la fatigue et les priva- tions. Ils sont trop jeunes ou trop vieux. Et ils n'ont pas de palefreniers, ils conduisent eux-mêmes leurs chevaux à la forge, à l'abreuvoir. Ils vont puiser l'eau, couper le bois, préparer les vivres. Chateaubriand fait la soupe sous la tente. Aussi ce sont des lamentations sans fin. Ils se plaignent d'aller en vedette sous la pluie. Le moindre hobereau se révolte à l'idée de faire des corvées. Ce sont toujours les mêmes jalousies, les mêmes rivalités, les mêmes ambitions. Il n'y a ni prudence, ni entente. L'indiscipline envahit tous les rangs. Et les sages se demandent ce qu'on peut attendre d'une armée où règne une telle anarchie, d'une troupe sans instruction et sans chefs expérimentés (chevalier de Mautort). Sur les derrières de l'armée, c'est un amoncellement sans fin de voitures de toutes formes, de charrettes aux cerceaux recouverts de bâches, portant les éclopés et les malades (1).

Le roi de Prusse passe la revue générale à Bingen le 26 juillet. Il est simplement vêtu d'un habit de camelot gris, sur lequel tombe une longue queue, crassant le dos. Le comte d'Artois est entouré d'une foule de valets en uniforme vert.

De Bingen on se dirige, le 30 juillet, sur Trèves. La ville est encombrée de troupes ; les émigrés errent dans les rues, ne sachant où trouver un logement. Des voitures arrivent de tous les côtés, avec des pyramides de caisses. Beaucoup de Françaises cherchent leur mari. Et l'électorat est déjà ruiné par le passage de l'armée des coalisés, qui a séjourné dans la région du 30 juillet au 5 août.

L'archevêque de Narbonne célèbre un service solennel dans la cathédrale, entouré d'un nombreux clergé. Quand il entonne le *Domine Salvum,* toute la noblesse chante avec un enthousiasme

(1) DAMPMARTIN : *Coup d'œil sur les campagnes des émigrés*, Paris, 1808.
CHATEAUBRIAND : *Mélanges et Poésies*, Paris, 1838.
CHUQUET : *La première invasion prussienne*, Paris, 1886.
Commandant GRANDIN : *Les Prussiens en France (1792)*, Paris, 1892, in-8°.
BLONDIN D'ABANCOURT : *Onze ans d'Emigration*, Paris, 1897.
  Arch. Nat., série O ³ 2569 à 72, 2600, 2603, 2611-12, 2675 ; et série F ¹ 6255.
(Etats de solde de l'Armée royaliste en 1792.)

indescriptible. Le 11 août, le roi de Prusse passe la revue des troupes. C'est un spectacle impressionnant. Lorsque défile la cavalerie noble, magnifique, supérieurement montée, le roi, malgré la chaleur, garde son chapeau à la main.

En vue de leur entrée en France, Calonne rédige, dans le style emphatique de l'époque, un long manifeste, pour stimuler le zèle des émigrés (1).

Le 12, le comte d'Artois rappelle ses deux fils de Turin.

Le 14, on apprend la sanglante journée du 10 et l'envahissement des Tuileries. Les émigrés affirment au roi que cette insurrection soulève la France d'horreur, et qu'il faut rapidement marcher sur Paris. L'armée devait embrocher tous les Jacobins et n'en faire qu'une bouchée. Les coalisés, campés à Montfort, prennent le chemin de Longwy.

L'armée des Princes vient occuper la prairie de Grevenmacher, ancienne ville forte du Luxembourg, sur la Moselle. On y voit les chevaliers de Saint-Louis conduisant leurs chevaux à la rivière et les tenant à la forge. Près d'eux, contraste bizarre, sont entassés leurs femmes, leurs maîtresses, leurs enfants, leurs parents.

De là, ils se rendent à Stadtbredimus, près de Remich, par des chemins affreux. Les Princes ont leur quartier général au château. La pluie tombe sans trêve. On y séjourne dix jours.

*
* *

Malgré tout ce qu'a de pénible leur situation, ils exultent en apprenant les nouvelles de la frontière. Les premières escarmouches entre Prussiens et Patriotes avaient été favorables aux coalisés. Sierck avait été occupé le 11 août ; le château de Rodemack le 13, et le château d'Ottange le 16. Le 19, les chasseurs de Desprez-Crassier avaient été mis en déroute à Fontoy, après une vigoureuse résistance (2). « Ces gueux-là osent se défendre », disaient les émigrés.

Et pour comble de bonheur, on apprend que Longwy a ouvert ses portes le 23. Il faut dire que les fortifications de la petite ville étaient insuffisantes et que la plupart des pièces de siège étaient hors d'état de servir. Et ce n'est pas pour obéir à des sentiments royalistes que les habitants avaient exigé que le commandant

(1) *Correspondance originale des émigrés*, Paris, 1793, p. 231.
(2) Sierck, Rodemack, Ottange, autrefois arrond. de Thionville, maintenant Lorraine allemande. — Fontoy, autrefois arrond. de Briey, maintenant Lorraine allemande.

Lavergne (1) capitulât, mais ils étaient hantés de la terreur des obus et de la crainte de voir leur ville en cendres. L'armée, au contraire, manifestait des signes de profond désespoir en apprenant la défaite des Patriotes. Lorsque sortit la garnison de Longwy, on chercha vainement à gagner les soldats à la cause du roi. Le colonel Legrand, du 34e, désespéré de la reddition de la place, se jeta dans la Chiers ; le lieutenant-colonel du bataillon des Ardennes se précipita en pleurant sur l'étendard du bataillon, qu'il fallut lui arracher. Après l'affaire de Fontoy, le général Desprez-Crassier répondit par un refus hautain à Hohenlohe, qui le suppliait de se joindre aux coalisés ; et le vieux maréchal Luckner envoya au ministre la lettre que lui écrivait Hohenlohe. Dans le camp royaliste, on fut quelque peu désappointé en apprenant ces résistances.

Monsieur quitte l'armée, passe à Luxembourg le 24 août et se rend à Longwy. Il va loger au village d'Haucourt; il y reçoit, le 25, les députations d'Audun-le-Tiche et de Villers-la-Montagne (2). Le 26, il fait une entrée solennelle, presque théâtrale, dans la ville ; il est monté sur un cheval blanc du nom de Commode, et porte à la main un rameau d'olivier. A ses côtés, chevauchent quelques officiers. La maréchaussée de l'arrondissement le suit. Les cloches sonnent à toute volée. La garnison est sous les armes. Sur l'ordre du commandant autrichien, la municipalité reçoit le prince devant l'hôtel de ville ; tout le monde porte la cocarde blanche.

Monsieur reçoit une pétition des négociants, qui réclament le rétablissement du pouvoir royal. Il leur adresse des félicitations. Il ignorait sans doute que toutes ces manifestations avaient été provoquées, que les signatures avaient été extorquées et que le lendemain tout le monde avait protesté.

Le peuple n'avait pris aucune part à ces réceptions officielles : il n'avait montré qu'un silence glacial. Aussi le comte de Provence ne fit que passer, et il était de retour le 27 à Stadtbredimus, au milieu de ses fidèles; c'est de là qu'il adresse encore aux confédérés un mémoire sur l'envahissement de la France par les puissances voisines (3).

(1) Il mourut sur l'échafaud, avec sa femme.
(2) Haucourt, Villers-la-Montagne, canton de Longwy.—Audun-le-Tiche, Lorraine allemande.
(3) Arch. nat., F7 6255, Mémoire de Stadtbredimus, 27 août 1792.
Chuquet, *La première invasion prussienne*, Paris, 1886, p. 175.
Archives historiques du Ministère de la Guerre, Armée du Rhin et du Centre, 1re quinzaine de sept. 1792, nos 23 et suivants.

**
* *

Le 28 août, on décide que l'armée se mettra en marche le lendemain, de bonne heure, pour entrer en France, tandis que les Prussiens se dirigent sur Verdun et les Autrichiens sur Stenay.

Les Princes exigent qu'indépendamment des cocardes et des plumes blanches, chaque gentilhomme soit pourvu d'une écharpe blanche. Monsieur réunit les commandants de corps d'officiers et adresse à toute la noblesse le discours suivant :

« Messieurs, c'est demain que nous entrons en France. Ce jour
« doit influer nécessairement sur la suite des opérations qui nous
« sont confiées, et notre conduite peut fixer le sort de la France.
« Vous n'ignorez pas les calomnies dont nos ennemis ne cessent
« de nous accabler, et le soin qu'ils ont de répandre que nous ne
« rentrons dans notre patrie que pour assouvir nos vengeances
« particulières. C'est par notre conduite, Messieurs, c'est par la
« cordialité avec laquelle nous recevrons les égarés qui viendront
« se jeter dans nos bras, que nous prouverons à l'Europe entière
« que la noblesse française, plus illustre que jamais par ses
« malheurs et sa constance, sait vaincre ses ennemis en pardonnant
« les erreurs de ses compatriotes. Les pouvoirs qui sont réunis
« entre nos mains nous donneraient le droit d'exiger ce que notre
« intérêt et notre gloire nous prescrit. Mais nous parlons à des
« chevaliers français, et leurs cœurs, enflammés du véritable
« honneur, n'oublieront jamais les devoirs sacrés que ce noble
« sentiment leur inspire. » (1)

Le 29, dès l'aube, on se dirige vers la frontière. Comme les Israélites devant la terre promise, ils ont le cœur débordant de joie et d'espérance. Ils sont convaincus qu'on marche directement sur Paris, que toutes les troupes et les braves royalistes vont se joindre à eux. Ils sont sûrs de la victoire. On va donc enfin pourfendre la Révolution ! Ils ne songent nullement qu'ils se lancent, tête baissée, dans la guerre contre la patrie, et qu'ils vont jouer la couronne — et la tête de Louis XVI.

On franchit la frontière entre Rodemack et Roussy. Ce furent des cris d'allégresse : « Vive le roi ! Vivent les alliés ! A bas

(1) D'Espinchal, manuscrit cité. — *Mémoires apocryphes de Louis XVIII*, Paris, 1832, T. V-VI, p. 74.

les Jacobins ! » chants et hurrahs saluèrent la terre de France.
D'Avaray cloua sur un tronc d'arbre cette inscription : « Pour la
liberté du roi et pour le bonheur de tous ! » Et pourtant les
esprits pondérés furent émus de voir des gentilshommes français
à la remorque d'une armée étrangère, qui foulait le sol sacré de
la patrie. « Malheur, dit Cazalès, à qui appelle l'étranger dans
son pays. La noblesse n'y survivra pas. » Chateaubriand raconte
son saisissement de cœur, et eut comme un pressentiment de
l'avenir.

Cependant, les visages sont radieux ; on oublie les misères
passées. Les femmes suivent l'armée, et de nombreux équipages
couvrent les routes. On affecte encore un reste d'élégance pari-
sienne ; on se sépare gaiement et on se donne rendez-vous à Paris.

Le quartier général des Princes est à Roussy, et l'armée campe
autour de Volmerange. Les habitants, qui s'étaient enfuis, rentrent
le soir. Les soldats font un feu de joie avec l'arbre de la liberté, et
le maire y met l'étincelle (1).

---

(1) Rodemack, Roussy-le-Village et Volmerange, Lorraine allemande, autrefois canton de
Cattenom, arrond. de Thionville.

III

LE SIÈGE DE THIONVILLE

Les Princes établissent leur quartier général, le 30 août, à Hettange-Grande, à une lieue de Thionville. Ils comptent s'emparer rapidement de la ville. Le prince de Hohenlohe est sous les murs de la place depuis le 23 août, avec un corps d'armée.

Déjà on sent peser sur les émigrés le mépris de Brunswick ; et c'est pour se délivrer de leurs importunités que les Prussiens leur donnent à faire le siège de Thionville. Mais on y met encore des formes, on prend le prétexte fallacieux qu'il faut ménager la noblesse, et on écarte les généraux intelligents, comme Bouillé. Un courrier du roi de Prusse vient même apporter l'ordre de ne rien tenter contre la place.

Les régiments sont cantonnés dans les villages voisins, en dehors de la portée du canon. Le 31 août, la ville est investie de tous côtés. Hohenlohe-Kirchberg est à Richemont, sur le chemin de Metz, et sur les bords de l'Orne, avec 20,000 hommes. Il a surtout pour mission de surveiller l'armée de Kellermann. Le maréchal de Castries échelonne ses troupes sur les hauteurs de la rive droite de la Moselle, jusqu'en face de Cattenom. Le général Willis se poste avec 6,000 hommes entre Hohenlohe et l'armée des Princes, qui campe autour de Hettange-Grande, à Volmerange, à Angevillers, à Suftgen, au nord et à l'ouest de Thionville (1).

Les émigrés sont étonnés, à leur entrée en France, de trouver les populations malveillantes et hostiles. La haine du peuple est au-dessus de tout. On leur fait un accueil glacial qui est loin de répondre à leurs espérances. Les paysans fuient devant eux avec les vivres, avec leur bétail et leur argent. Les soldats sont forcés de marauder, et ils n'obtiennent le vivre et le couvert que le pistolet au poing. Calonne rétablit les impôts, ce qui achève d'exaspérer le peuple, et les impôts ne donnent rien.

Ils espéraient que les paysans, effrayés de l'anarchie, abandon-

---

(1) Richemont, autrefois canton de Thionville. — Cattenom, chef-lieu de canton, arrond. de Thionville. — Hettange-Grande, Volmerange, Angevillers, Suftgen (Zoufftgen), canton de Cattenom, Lorraine allemande.

neraient leurs cultures, et ils sont surpris de voir les champs ensemencés et les potagers bien tenus.

Cependant, ils se flattent que la ville ouvrira ses portes. Wimpffen y commande. Ils disent que c'est un gredin de bas officier et, dans leur aveuglement, ne conçoivent pas qu'un homme de cette classe puisse résister longtemps aux attaques des nobles (1). Les Princes ont, croit-on, des intelligences dans la place (2). On est convaincu que tous les gouverneurs sont achetés et qu'ils se rendront à la vue des troupes royalistes ou après un simulacre d'investissement. Aussi la cavalerie noble vient camper sur un plateau, d'où elle est aperçue de la place. Mais, hélas! ceux qui approchent des murs, pour chercher des regards amis, sont stupéfaits d'être reçus avec une bordée d'injures et une volée d'épithètes (de Moriolles). Cette résistance étonne tout le monde.

La ville paraissait bien déterminée à se défendre jusqu'au bout. L'incapable Luckner l'avait abandonnée à ses seules ressources, mais on y travaillait nuit et jour; les artilleurs ne quittaient pas leur pièce. On tirait même sur les officiers isolés, lorsqu'ils portaient l'écharpe blanche : Chateaubriand fut blessé en passant au-dessous de Guentrange. On faisait de fréquentes sorties. Il y avait, parmi les défenseurs, des hommes de cette forte race qui allait donner des héros à la patrie comme Moreau, Sémeilé, Hoche, Exelmans; ils venaient chaque jour aux avant-postes, échanger des coups de feu avec les vedettes. Les assiégeants, au contraire, étaient, pour la plupart, inexpérimentés. « La plus petite sortie, dit Las Cases, mettait toutes nos forces en l'air; la moindre circonstance était un événement; nous étions étrangers à tout. »

Du reste, les Princes n'ont pas d'artillerie et on leur refuse les canons pris à Longwy, sous prétexte que cette place est au roi de France et non au parti de l'émigration. C'est ainsi que, dans tout le cours de cette triste campagne, les coalisés opposeront aux demandes des émigrés la force d'inertie.

Pendant ce temps, les assiégés dansent sur les remparts, au son de musiques joyeuses.

Le siège devient ridicule, et on continue, autour des Princes,

(1) Archives historiques du Ministère de la Guerre, Armée du Centre, 2e quinzaine de septembre. Lettres de Brillouet.

(2) Wimpffen passe pour avoir prêté l'oreille à leurs propositions. Il entretenait des rapports secrets avec le comte d'Artois par l'intermédiaire du graveur juif Joseph Godchau.

l'affreux gaspillage de Coblentz. Hettange ressemble à une foire ; Louis XV n'eut jamais un aussi pompeux état-major. Et, à côté de ce luxe, certains corps de noblesse n'ont rien à se mettre sous la dent.

Enfin, las d'attendre et de perdre un temps précieux, Monsieur résolut de bombarder la ville, espérant qu'ainsi Wimpffen pourrait capituler, en donnant une entorse à la loi.

Le mardi 4 septembre, à cinq heures du soir, un trompette apportait du quartier général d'Hettange-Grande une sommation au Gouverneur : les Princes disaient, dans ce factum, qu'ils venaient prendre possession de Thionville pour le roi et qu'il ait à leur remettre les clefs de la ville, sous peine d'exécution militaire.

On fit à la sommation cette réponse énergique :

« Nous ignorons ce qui se passe en France. Les citoïens et la « garnison de Thionville n'ont pas cessé d'être fidels à la nation, « à la loi et au roi, ils dépendent des autorités constituées, tant « civiles que militaires, établies dans le chef-lieu du département, « et ne peuvent recevoir des ordres que d'elles.

« Thionville, le 4 septembre 1792. »

Nouvelle tentative, aussi infructueuse, le 5 septembre. Les Princes, rappelant l'exemple de Longwy, exhortent les habitants à se rallier à la cause du roi et les somment d'ouvrir leurs portes sur-le-champ. Cette lettre demeura sans réponse.

Alors, le 5 septembre au soir, le maréchal de Castries, qui avait deux canons de Luxembourg et une batterie autrichienne, établit cette faible artillerie sur la hauteur du village de Haute-Yütz et au hameau de la Briqueterie. Les batteries d'Hohenlohe étaient à Beauregard et à la Chapelle Sainte-Anne. Le feu commença à minuit vingt et ne dura qu'un quart d'heure. Le temps était affreux et ne permit pas de continuer. La place avait répondu vigoureusement. Cette bruyante démonstration eut pour résultat de précipiter les femmes et les vieillards dans les caves. Trois boulets seulement pénétrèrent dans la ville. Aucun habitant ne fut atteint, aucune maison incendiée ; il n'y eut pas pour dix écus de dégâts.

Ce bombardement fut suivi d'une attaque nocturne (nuit du 5 au 6 septembre). On engagea un corps d'infanterie noble et les officiers de la marine dans les vignes en amphithéâtre, jusqu'au faubourg Saint-François. La foule des aides de camp était si antipathique à

tous que, lorsque commença la fusillade, on cria de tous côtés :
« En avant les aides de camp ! » Wimpffen les régala d'une canonnade des mieux nourries ; les boulets se perdirent dans les échalas
(de Moriolles). Seul le corps des Gardes de la porte, posté en avant,
eut quelques blessés et un gentilhomme tué, le chevalier de la
Baronnais. Le prince de Waldeck eut un bras emporté ; ce bras
fut retrouvé le lendemain par un volontaire du bataillon de la
Creuse. Monsieur envoya d'Avaray prendre de ses nouvelles.
« Dites à Son Altesse Royale, lui répondit le prince, qu'il me reste
encore un bras à son service. » Il le fit accompagner à Luxembourg
par le Père Elysée, de l'hôpital de Grenoble, qui dirigeait les
ambulances de l'armée.

Ce furent les seules tentatives dirigées contre Thionville. « Ce
siège, dit un émigré, fut une mystification. » Les Princes étaient
consternés du résultat. Le soir du 6, ils supplièrent Hohenlohe de
demander des canons à Luxembourg, mais le maréchal de Bender
leur opposa un refus formel (1).

***

Tandis qu'ils usaient de ces moyens misérables pour entrer dans
Thionville, le duc de Brunswick faisait le siège de Verdun, qui
ouvrait ses portes le 2 septembre.

Verdun était sans défense ; sa garnison indisciplinée n'avait
jamais vu le feu. Le bombardement dura du 31 août, à 11 heures
du soir, au 1er septembre à 8 heures du matin. MM. de Pouilly et
Turpin avaient signalé les endroits propres à établir les batteries.
Les autorités et les habitants étaient affolés et voyaient déjà la ville
en cendres. Un noyau de royalistes puissants dominait le conseil
de défense, surtout Philibert Perin et Ribière, qui avaient gardé des
relations avec les émigrés. Beaurepaire, pressé par la bourgeoisie
aux abois, résista d'abord à tous les arguments de la lâcheté
(Gœthe). Il avait juré de ne se rendre que mort : il fut fidèle à son

(1) Metz, Bezirksarchiv von Lothringen, L. 29.
CHUQUET, loc. cit.
TEISSIER, Hist. de Thionville, Metz, 1828, p. 464.
Arch. Nat., F⁷ 6255, lettres de Roll.
Archives historiques du Ministère de la Guerre, armée du Rhin, des Vosges
et de la Moselle, première quinzaine d'octobre 1792.
DE BONNEVILLE DE MARSANGY, Journal d'un volontaire de 1791, Paris, 1888, in-12.
BITTARD DES PORTES, Hist. de l'armée de Condé pendant la Révolution, Paris,
1896, in-8°.
DE MORIOLLES, Mémoires, Paris, 1902, in-8°.

serment et se brûla la cervelle (1). Et Marceau, honteux de voir Verdun se livrer à l'étranger comme une fille, avait les yeux pleins de larmes, lorsqu'il remit au roi Frédéric-Guillaume les clefs de la citadelle. Ce n'était pas avec des hommes si fièrement trempés qu'on allait marcher triomphalement sur Paris.

Ribière alla au-devant des Prussiens et embrassa de Pouilly, qui marchait à la tête des troupes. Quelques monarchistes exultèrent à l'arrivée des coalisés et illuminèrent leurs maisons le soir du 2 septembre.

On comptait encore que la garnison, en sortant de Verdun, se prononcerait pour le roi. Ce fut le même désappointement qu'à Longwy. Près de Regret, en quittant la ville, un soldat patriote, apercevant Brunswick, lui cria fièrement : « Au revoir, dans les plaines de Châlons ! » Sans doute il ne croyait pas si bien prophétiser.

Breteuil fit hisser le drapeau blanc ; il rétablit les corps administratifs, qui prêtèrent serment au roi. Il fit emprisonner les patriotes. Il supplia le roi de Prusse de châtier Varennes (2), ville aussi coupable que Paris ; tous les émigrés voulaient livrer la petite ville au pillage et à l'incendie ; Fersen, Mallet du Pan, les femmes surtout, étaient très exaltés. Brunswick s'y opposa. Cependant, le 2 septembre au soir, un détachement traversa Verdun pour aller s'emparer de Georges, maire de Varennes, de Sauce et de Drouet. Seul Georges était resté et fut fait prisonnier ; les émigrés l'accablèrent d'injures ; ils voulaient l'écraser sous les pieds des chevaux. On pilla sa maison, on prit son argenterie et on le conduisit à la citadelle de Verdun.

Monsieur vint le 7 septembre à Verdun, avec quelques voitures. Le prince royal de Prusse l'aperçut de la fenêtres des dames Morland et constata que son entrée ne faisait pas grande sensation ; il fut accueilli avec une froideur voisine de l'hostilité. Il alla loger à l'Archevêché.

Cependant, le duc de Brunswick perdait un temps précieux sous les murs de Verdun. La discorde régnait dans les camps. Le duc avait amèrement reproché au baron de Pouilly et au général Lambert les promesses mensongères des émigrés ; ils s'étaient vantés d'avoir des intelligences dans le pays, d'être sûrs des

---

(1) Cf. Ed. Pionnier, *Essai sur l'histoire de la Révolution à Verdun*, Nancy, 1906. Il plaide pour l'assassinat de Beaurepaire et n'entraîne pas la conviction.

(2) Varennes-en-Argonne, chef-lieu de canton (Meuse).

commandants de place, du mécontentement des troupes, des sentiments royalistes des campagnes, et partout on se heurtait à l'hostilité du pays ; s'ils n'avaient trompé le roi, l'armée ne se serait pas engagée en Champagne en commettant la faute de laisser derrière elle des places importantes. Il voulait, de toute nécessité, faire le siège de Montmédy, Sedan et Mézières, avant de pénétrer au cœur de la France. Mais les émigrés voulaient frapper un coup décisif, et, pour y parvenir, ils flattaient le roi de Prusse, vantaient son armée, le suppliaient de sauver Louis XVI ; quel beau spec· tacle à donner à l'Europe ! La prise de Verdun excita leur audace et la vanité du monarque ; il se rangea à leur avis, malgré les hésitations de Brunswick, qui déjà n'avait plus confiance. On venait d'apprendre que Dumouriez s'avançait dans l'Argonne ; mais on espérait qu'avec une bataille gagnée, ses troupes seraient taillées en pièces et qu'on entrerait à Paris.

Avant de s'engager dans l'Argonne, région mal famée, on tenta de négocier avec Dumouriez. Brunswick et Breteuil envoyèrent M. de Maleissye porter une lettre au général. De Maleissye vint à Dun-sur-Meuse (1) trouver le directeur des postes Henriquet, royaliste zélé. La petite ville était en grande effervescence, et, sur la plainte des royalistes, on demanda du secours à Clerfayt, qui envoya 60 dragons autrichiens de Stenay. De Maleissye s'assura de la fidélité du jeune Domballe, fils du maître de poste de Sivry-sur-Meuse (2), et l'envoya porter la lettre à Dumouriez. Le général brûla la lettre avec mépris et dit froidement : « J'y répondrai à coups de canon. » — « Rien à faire avec ce drôle », dit Breteuil. On pensa à s'adresser à la maîtresse de Dumouriez, la baronne d'Angel, de son vrai nom baronne Barruel-Beauvert, sœur de Rivarol. On espérait que Rivarol prierait sa sœur d'aller au camp de Dumouriez, lui demanderait de se retirer sous Paris et de soulever son armée pour le roi. Mais Rivarol ne voulut point se charger de cette besogne.

Le duc de Brunswick prit alors la résolution de se diriger sur Grandpré ; les Autrichiens devaient pénétrer par La Croix-aux-Bois et les émigrés par le Chesne (3).

---

(1) Chef-lieu de canton (Meuse).
(2) Sivry, canton de Montfaucon (Meuse).
(3) Gœthe, *Campagne de France*, trad. Porchat, in-12, Paris, 1891, pp. 19 et suiv. Chuquet, *loc. cit.*
De Maleissye, *Mém. d'un Officier aux Gardes françaises*, 1789-1792. Paris, 1897.
Grandpré, chef-lieu de canton (Ardennes). — La Croix-aux-Bois, canton de Vouziers (Ardennes). — Le Chesne, chef-lieu de canton (Ardennes).

IV

LES PRÉLIMINAIRES DE VALMY

Tandis que les émigrés et les Austro-Prussiens se ruent à l'assaut de la patrie française, il n'est pas sans intérêt de voir quel est l'état d'esprit des populations argonnaises, comment le peuple se prépare à recevoir les coalisés et quelles forces militaires le gouvernement va leur opposer.

Déjà, avant les faits actuels, deux alertes étaient venues troubler profondément le calme de la région.

En août 1790, M. de Saint-Sauveur, officier de Reine-Cavalerie à Stenay, eut l'imprudence de raconter que le roi avait donné l'ordre de laisser passer une armée autrichienne dans le Clermontois : ce bruit se répandit comme une traînée de poudre ; déjà on disait que les campagnes étaient à feu et à sang ; et, quelques jours après, 20,000 paysans, faisant arme de tout, se présentèrent en bandes tumultueuses devant Stenay, où ils ne rencontrèrent du reste aucun Autrichien. Si ce bruit n'avait d'autre prétention que de tâter l'opinion, les officiers de Reine-Cavalerie durent être suffisamment édifiés (1).

L'année suivante, le roi est arrêté à Varennes dans la nuit du 21 au 22 juin. Dans tous les districts voisins, l'émotion est à son comble et le tocsin appelle aux armes ; 70 communes envoient leurs gardes nationaux vers Varennes.

Alors on se tient sans cesse sur la défensive, dans la crainte des représailles de l'Autriche. Le peuple ici est plus ombrageux, parce que plus voisin de la frontière. On va s'occuper activement d'organiser et d'armer les milices locales, de réparer les places fortes, comme si on entendait gronder l'invasion.

Dès les premiers temps, le peuple montre un grand enthousiasme pour les idées nouvelles. Il fait peau neuve et abandonne chaque

(1) *Revue historique ardennaise*, 1894, t. I, p. 185.
Journal des Affiches de Reims, de Havé.

jour un segment des vieux préjugés. Il est convaincu, en son âme simpliste, que la Révolution va supprimer tous les impôts qui l'oppriment. Les mots sonores de liberté, d'égalité, de droits de l'homme l'enivrent comme une liqueur capiteuse ; il ne s'est jamais trouvé à pareille fête.

Pour lui Révolution est synonyme de Patriotisme ; elle l'attache plus intimement au sol. Pour lui, les hommes nouveaux qui l'incarnent sont les seuls défenseurs du peuple, de ses droits, de la terre qu'il arrose de sa sueur et qui est sa seule fortune.

Aussi, lorsqu'on vient lui dire que demain les émigrés rentreront pour reprendre leur place, leur rang, leurs droits, il se lève, d'un élan unanime, contre ceux qu'il considère comme les ennemis et les oppresseurs ; il va s'acharner à défendre les droits conquis ; il va donner son argent, sa vie s'il le faut, pour l'évangile nouveau ; il obéira aveuglément, tête baissée, à toutes les injonctions des comités ; et quand Dumouriez va entrer en scène, il le secondera de tous ses moyens, de toute son énergie.

Avec quelle ardeur les paysans apportent leur obole aux contributions patriotiques ! En juillet et août 1791, ils se dépouillent de tout : chemises, habits, vestes, culottes, bas, guêtres, draps, chapeaux ; ils donnent même leur dernier écu ; dans la seule recette des finances de Rethel on a reçu, en 1791-92, plus de 180,000 livres ! Les fonctionnaires, les curés abandonnent une partie de leur traitement ; demain les mères éplorées donneront leur dernier enfant ! (1)

Le 11 juillet 1792, l'Assemblée déclare la Patrie en danger. La Patrie ! Cette idée s'est lentement insinuée dans l'âme du peuple et se substitue aujourd'hui au dogme de la royauté. Et le cri de l'Assemblée réveille brusquement la torpeur des consciences et soulève la France entière.

Alors les événements se précipitent. Le ministre donne l'ordre de confectionner des piques dans nos centres industriels ; dans ce but, il envoie au directoire des Ardennes 45,143 livres, prélevées sur les 3 millions votés par la loi du 3 août. La manufacture de Charleville fabrique 2,000 armes par mois.

Le Conseil général des Ardennes fait des réquisitions sur tout le territoire. Les maires affluent au chef-lieu du district avec les garçons de nos villages, qui sollicitent l'honneur de marcher aux

(1) Arch. des Ardennes, L 453 et 500 et C 515.

frontières. Du reste, tous les gens valides sont convoqués ; la
direction de l'artillerie distribue de la poudre, du plomb, des
cartouches. Les hommes viennent en masse avec leurs armes,
leurs munitions, des bêches, des pioches, des haches. Toutes les
voitures sont réquisitionnées. Il semble que la région tout entière
brûle de la fièvre du patriotisme.

**

Cependant Lafayette, compromis par l'arrestation des commissaires de l'Assemblée à Sedan, abandonne l'armée dans la nuit du
18 au 19 août. Ses régiments quittent Sedan et vont au camp de
Vaux-lez-Mouzon (1). Chazot y fait un pressant appel au patriotisme ardennais ; sa proclamation est contresignée de Philippo-
teaux et Gailly, président et vice-président du Conseil général.

Longwy ouvre ses portes le 23 août.

Alors Dumouriez, qui caressait toujours l'espoir de conquérir
la Belgique, prend la direction de l'armée des Ardennes le 28 août.
Il sait que Verdun va être investi et envoie rapidement Galbaud
en renforcer la garnison. Galbaud quitte le camp de Vaux-lez-
Mouzon le 29 août et couche le soir à La Neuville-sur-Meuse (2).
Le 30, il marche sur Verdun ; mais à Dun-sur-Meuse il aperçoit la
cavalerie ennemie et apprend que les portes de Verdun sont
fermées. Il prend alors le chemin de Romagne-sous-Montfaucon (3)
et arrive le soir à Varennes. Il occupe le lendemain les Isletttes (4)
et fait exécuter des abattis d'arbres sur la côte de Biesme.

Déjà Clerfayt, venu de Longwy par Marville, est à Juvigny. Ses
éclaireurs viennent jusque Baâlon et Stenay (5). Les habitants de
Stenay résistent même plusieurs heures à son avant-garde ; un
bourgeois, du nom de Vadebois, effleure d'un coup de feu le prince
de Ligne et est fait prisonnier. Cette lutte entraîne le pillage de la
ville ; mais les Autrichiens, dans leurs représailles, montrent
toujours moins de violence que les Prussiens ; ils se contentent de
demander aux portes ce dont ils ont besoin, et, quelques jours
après, on n'y pense plus.

Dans cette situation, Clerfayt menaçait Dumouriez et pouvait

(1) Vaux-lez-Mouzon, canton de Mouzon (Ardennes).
(2) La Neuville, canton de Stenay (Meuse).
(3) Romagne-sous-Montfaucon, canton de Montfaucon (Meuse).
(4) Les Islettes, canton de Clermont-en-Argonne (Meuse).
(5) Marville et Juvigny-sur-Loison, canton de Montmédy (Meuse). — Baâlon, canton de
Stenay (Meuse).

entraver sa marche en avant. Il avait placé un corps d'observation au-delà de Stenay, dans le village de La Neuville, sur la rive gauche de la Meuse. Il fallait, à tout prix, rejeter cette avant-garde sur la rive droite du fleuve, afin que le général autrichien ne pût surveiller les mouvements de l'armée des Ardennes.

Aussi le 31 août, sur l'ordre de Dumouriez, Dillon, aidé de Myaczinski et de Money, quitte le camp de Vaux-lez-Mouzon et vient à La Neuville attaquer les Autrichiens avec une forte division. Clerfayt arrive à une heure avec des troupes nombreuses. Il y eut un combat de cavalerie très vif. Dillon se retira sur Mouzon à huit heures du soir, par le Pont-Gaudron et Pouilly (1). Il laissa ses réserves dans le bois de La Neuville, en face de Stenay, et Clerfayt alla occuper le camp de Baâlon (2).

Dumouriez espérait que Verdun tiendrait une semaine et qu'il aurait le temps de préparer son mouvement. Mais il apprend la capitulation de Verdun le 2 septembre ; la Champagne est ouverte, et 42,000 ennemis vont l'envahir. Le général français voit le danger ; il abandonne ses rêves de gloire et se précipite en Argonne.

C'était alors un massif boisé, de 60 kilomètres de longueur, et dont la largeur variait de 2 à 14 kilomètres ; il constituait comme une forteresse aux portes de la Champagne. Ses forêts denses, entrecoupées d'étangs ; ses gorges étroites et profondes, où dort l'eau hypocrite des marécages ; ses soulèvements escarpés, où se succèdent des caps et des éperons aux arêtes violentes ; ses chemins rares, mauvais, remplis de fondrières, formaient un ensemble de défenses stratégiques qui, pendant des siècles, avaient effrayé les envahisseurs. Les dépressions qui la coupent (Les Islettes, Grandpré, La Croix-aux-Bois, Le Chesne), que Dumouriez décorait du nom pompeux de défilés ou de Thermopyles, étaient d'une défense facile avec leurs remparts naturels.

Clerfayt pouvait empêcher Dumouriez d'aller à Grandpré ; le général français profite de l'inexplicable inaction des Autrichiens au camp de Baâlon et quitte rapidement Sedan.

Selon lui, Sedan n'était pas une place de guerre. Le camp était détestable, et il y aurait été pris avec toute son armée. Il gagne

(1) Le Pont-Gaudron, écart de La Neuville, et Pouilly, canton de Stenay (Meuse).
(2) MONEY, *Souvenirs de la Campagne de 1792*, Trad. MÉRAT, 1849.
DUMOURIEZ, *Campagnes dans la Champagne et la Belgique*, écrites par lui-même. Hambourg (s. d.).
Les Romains avaient à Baâlon un camp au IIIe siècle, pour protéger l'unique passage de la Meuse. On y a retrouvé des médailles de Tetricus et de Victorin, et des bronzes de Posthumus.

Mouzon et établit son quartier général à Yoncq. Ses éclaireurs surveillent toujours la rive gauche de la Meuse ; Clerfayt, trompé sans doute par l'attaque du 31, reste immobile à Baâlon, tandis que Dumouriez se dirige sur Stonne, les Grandes-Armoises et La Berlière. Son avant-garde est le 2 à Saint-Pierremont. Le 3, il est à Beffu, et ses éclaireurs occupent les hauteurs de Marcq et de Cornay, prenant ainsi possession du défilé de Grandpré. Cette marche, heureusement téméraire, fut un coup décisif (1).

Le 4, l'armée passe l'Aire et occupe la magnifique position de Grandpré et Senuc ; c'est, selon la légende, l'emplacement du camp d'Attila. Il fait face aux collines de Landres et de Sommerance. Son avant-garde est au Morthomme, avec Miranda, derrière l'Agron : elle a son centre à Beffu et sa droite à Saint-Juvin, avec Stengel (2).

La droite de son armée est au plateau de Marcq ; la gauche à Grandpré, le camp sur les hauteurs, devant le bois de Negremont, l'artillerie à Senuc.

Chazot le suit avec 5,000 hommes ; il couche à La Neuville-à-Maire le 2, et, passant par Tannay et les Petites-Armoises, il est à Briquenay le 3, puis rejoint Grandpré. Dillon, parti de Mouzon le 1er septembre, passe à Saint-Pierremont le 2, va à Buzancy et à Cornay le 3 ; il reçoit là une lettre de Galbaud, qui était le 31 août aux Islettes, lui disant l'impossibilité d'entrer à Verdun ; il est à Varennes le 4 et, à la vue des vedettes ennemies du camp d'Avocourt, il traverse la forêt d'Argonne par le sentier de Pierre-Croisée, sur l'avis de Money, et occupe La Chalade ; le soir, il est aux Islettes et rejoint Galbaud, avec la garnison sortie de Verdun, sur la côte de Biesme. Dans toute la vallée de la Biesme, on coupe les arbres et on barricade les routes (3).

Dumouriez donne l'ordre au colonel Colomb de défendre la trouée de La Croix-aux-Bois et à Duval de venir de Pont-sur-Sambre au Chesne. Tous les défilés de l'Argonne étaient gardés.

Il avait lancé, de La Berlière, sa fameuse proclamation aux habitants de l'Argonne, contre les « barbares de la Germanie ». Elle s'adressait surtout aux districts de Grandpré, Vouziers,

(1) Yoncq, canton de Mouzon. — Stonne, canton de Raucourt. — Grandes-Armoises, canton du Chesne. — La Berlière, Saint-Pierremont, canton de Buzancy. — Beffu, Marcq, Cornay, canton de Grandpré (Ardennes).
(2) Landres, canton de Buzancy. — Senuc, Sommerance, Le Morthomme et Beffu, Saint-Juvin, canton de Grandpré (Ardennes).
(3) La Neuville-à-Maire, canton de Raucourt. — Tannay, les Petites-Armoises, canton du Chesne. — Briquenay, canton de Buzancy (Ardennes). — Avocourt et La Chalade, canton de Varennes (Meuse).

Sainte-Menehould, Clermont, Rethel, Sedan, Mézières et Rocroy.
Il les somme de faire battre leurs grains et d'apporter au camp
français leur blé, leur avoine et leurs fourrages ; de se retirer dans
les bois avec leurs bestiaux et leurs chevaux. Il les avertit que le
tocsin les préviendra de l'arrivée de l'ennemi. Tous ceux qui ont
des armes doivent se porter à la lisière de la forêt, depuis
Cheveuges jusqu'à Passavant (1) ; partout les ponts seront enlevés
et les arbres abattus sur les routes. Ils doivent donner l'exemple
du courage ; il les invite à chasser les lâches et à ne pas se livrer
aux vaines terreurs, indignes d'un peuple libre.

Sa voix résonne comme une ardente claironnée, et, jusqu'au
fond des vallées et des bois, on va suivre son impulsion.

Proclamation analogue de Galbaud à Sainte-Menehould le
3 septembre. Proclamation à Givet, émanant du pouvoir révolutionnaire des Belges et Liégeois réunis (2).

Les conseils de permanence ne perdent pas un instant. Les villes
s'organisent, les remparts sont réparés et armés.

A Sedan, on craint d'être bombardé par les Autrichiens. On écrit
au ministre : « Nous n'imiterons pas la lâcheté des gens de
Longwy et de Verdun ; la ville sera réduite en cendres plutôt que
de se rendre... Nous sommes parvenus, en barrant les arches de
Torcy, à inonder toute la plaine de Sedan et de Balan (3 septembre). » Myaczinski est nommé commandant de la ville (3) ; il
est secondé par le lieutenant-colonel Naulzier.

A Mézières, le Conseil de guerre écrit le 3 septembre à l'Assemblée
qu'on s'attend à être investi, mais qu'on se défendra jusqu'à la
dernière extrémité. Les Macériens sont prêts à mourir sur la
brèche (4).

Montmédy, investi dès le 31 août par Clerfayt, avait fait les
mêmes protestations. Les habitants des villages voisins y apportent
leurs fusils et leurs effets. Les gardes nationaux surveillent les
ponts et les gués de la Meuse. Les défenseurs aperçoivent, sur les
hauteurs, des vedettes d'officiers autrichiens. Une patrouille se
rend à Chauvency (5) et tire sur un peloton d'Autrichiens au-delà
de la Chiers. Les ennemis dévastent le pays, imposent des contri-

---

(1) Cheveuges, canton de Sedan-Sud (Ardennes). — Passavant, canton de Sainte-
Menehould (Marne).
(2) *Mercure universel*, septembre 1792, p. 51.
(3) Il monta sur l'échafaud le 25 mai 1793.
(4) *Thermomètre du Jour*, 1792, p. 571.
(5) Chauvency, canton de Montmédy (Meuse).

butions et chassent les curés assermentés (1). Pendant ce temps, le corps des braconniers des Ardennes, créé par Myaczinski, intercepte les convois venus de Luxembourg, avec l'aide de la garnison de Montmédy.

***

Les royalistes entretenaient encore des intelligences dans les places fortes. Ils étaient convaincus que les gouverneurs de Longwy, Montmédy, Sedan, Mézières et Givet étaient achetés à poids d'argent. A Sedan, l'agent des Princes était M. La Tude de Vissec ; à Mézières, M. de Landru, ancien prévôt de la maréchaussée, avait fait demander à Monsieur ses instructions ; à Charleville, M. Rizet, chirurgien, était prêt, nuit et jour, à faire les courses les plus périlleuses, utiles à la monarchie (2).

Mais la haine du peuple contre les émigrés grandissait avec les succès des Prussiens ; et tous les royalistes qui levaient la tête, ou qui simplement étaient suspectés, allaient être, comme à Paris, l'objet des dernières violences.

Dans les rues de Reims, on massacre les contre-révolutionnaires ; on assomme le directeur des postes Guérin, qu'on dit odieux et brutal ; on blesse mortellement le lieutenant Montrosier, l'abbé Lacondamine de Lescure, grand vicaire, et l'abbé Roman.

A Châlons, Luckner ne peut contenir les hordes indisciplinées des volontaires de 92. Ils décapitent le lieutenant-colonel Imonnier, du régiment de Vexin ; ils vont à l'Hôtel de Ville pour égorger le maire et aux prisons pour massacrer les aristocrates détenus ; ils assassinent un vieillard qui porte un livre de messe sous son bras ; ils tuent le lieutenant-colonel du 38e d'infanterie, sous prétexte qu'il a des allures trop aristocratiques ; ils manquent

---

(1) *Annales politiques et littéraires*, 1792, p. 1090.
Histoire de Médart-Bonnard, Epernay, 1828, 1, 45.

(2) Jean-Maurice de Vissec de Latude, chevalier, capitaine au Régiment de Languedoc-Infanterie, né le 27 décembre 1738 à Sedan ; marié à damoiselle Marie-Elisabeth-Joséphine-Henriette Croyer. Leur fille Anne-Joséphine faillit être guillotinée à Paris, avec son oncle Bernard de Latude, chevalier, capitaine d'infanterie, déjà emprisonné au Mont-Dieu. Thermidor les sauva.

De Landru (Jacques-Joseph-Eugène), né à Arras, lieutenant-colonel réformé de gendarmerie nationale à Mézières ; marié à Amélie-Jeanne-Charlotte-Catherine Zweiffel de Suève, de Dun-sur-Meuse. Enfermés au Mont-Dieu par ordre de Paschal, commandant temporaire à Mézières, et des représentants Hentz et Bô, comme aristocrates notoires. Il mourut à Gruyères (Ardennes) le 13 juin 1814, et sa femme le 27 avril 1833.
Cf. HENRY, *Les Prisonniers du Mont-Dieu pendant la Révolution*, Sedan, 1907.

Rizet (Jean-Louis), maître en chirurgie, né à Aubenton (Aisne), établi à Charleville en 1782, quartier du Saint-Sépulcre, maison n° 627 ; marié à Charleville, le 25 janvier 1781, à Marie-Marguerite-Françoise de Sarrau-d'Arasse, décédée à Remilly-sur-Meuse le 13 septembre 1829, dont il eut trois enfants.

d'assommer un élève de l'Ecole d'artillerie de Châlons (le futur général Allix) parce que ses boutons ont des fleurs de lis (1).

Les mêmes exaltés commettent un meurtre analogue à Charleville le 4 septembre. Déjà, le 26 août, les commissaires à l'armée du Nord, Quinette, Isnard et Baudin, avaient fait arrêter le commandant d'artillerie et destitué le commandant de la place de Mézières, dont ils avaient confié la garde à Drouart, dit Leroy, lieutenant-colonel du 25e régiment ci-devant Poitou. Les esprits étaient surexcités. Le ministre de la guerre avait chargé Juchereau (Marie-Eustache), lieutenant-colonel d'artillerie, inspecteur de la manufacture d'armes, d'envoyer à Huningue 1,530 canons de fusil et 2,000 tire-bourre ; les voitures arrivées à la porte de la ville sont arrêtées et conduites à la maison commune. De nombreux citoyens et les volontaires du bataillon de la Nièvre entourent Juchereau, qu'ils accusent de faire passer les armes à l'étranger. Malgré tous les efforts de Routa, officier municipal, qui leur lit la lettre du ministre ; malgré les ordres du commandant Persinet, des volontaires de Seine-et-Oise ; malgré les officiers des volontaires de la Nièvre ; malgré le zèle et le courage de la dame Bailly, Juchereau est assailli entre les bras du maire, frappé, foulé aux pieds, traîné sous les fenêtres, percé de coups de baïonnettes et a la tête tranchée et promenée, au bout d'un fusil, dans les rues de Charleville et de Mézières. Ils passent sous les fenêtres du lieutenant-colonel d'artillerie de Tulles, qui commet l'imprudence de se montrer : il va subir le même traitement lorsque Isnard, membre de l'Assemblée, intervient et le sauve en le faisant arrêter. La foule se porte à tous les excès et jette le cadavre de Juchereau à la Meuse. La municipalité est impuissante à maintenir l'émeute. Ces exaltés appartenaient surtout au bataillon de Seine-et-Oise (2).

A Givet, on tue un envoyé des Princes qui embauche des volontaires pour les émigrés (3).

(1) Grandin, *Les Prussiens en France*, Paris, 1892, p. 138.
Souvenirs militaires du baron Hulot *(Jacques-Louis), 1773-1843)*, Paris, 1886, in-8°.
(2) Le corps de Juchereau fut retiré de la Meuse par une dame Dubois. Le peuple reconnut plus tard tous ses torts. Lorsque la veuve de Juchereau, Marie-Thérèse Pasqualini, réclama à la Convention, l'assemblée décréta que ses deux enfants seraient élevés aux frais de la nation et qu'une pension lui serait accordée.
Moniteur du 1er, du 7 septembre et du 20 octobre 1792.
Annales politiques et littéraires, 1792, p. 1128.
J. Hubert, *Hist. de Charleville*, 1854, p. 205.
Baron Hulot, *Souvenirs militaires*, Paris, 1886.
Chuquet, *Ext. des Mém. inédits du Général de Montfort*, in **Revue historique ardennaise**, 1896, t. III, p. 145.
(3) *Mercure universel*, sept. 1792, p. 54.

L'assesseur du juge de paix de Sedan, le chevalier de Latude de Vissec, quitte momentanément la ville et va, dit-on, dans le camp des Autrichiens signaler les maisons des Patriotes ; on l'accuse en outre de chercher à émigrer. Il rentre à Sedan, où le bruit de sa trahison le devance et vient aux oreilles des fédérés marseillais et bretons. M. de Vissec était un royaliste intransigeant, emporté, provocateur. Il s'obstinait à porter ostensiblement son ruban bleu et sa croix de Saint-Louis, malgré les avertissements de ses amis. Il fut dénoncé par Vassant à la colère des Jacobins. Le mercredi 5 septembre au soir, il se promenait en compagnie d'un vieux prêtre, l'abbé Demaugre ; il excite les fédérés par des paroles imprudentes ; il est attaqué par un groupe de ces forcenés qui le criblent de coups de sabre et lui coupent le cou. Sa tête est attachée au bout d'une perche et promenée dans les rues de Sedan ; on plante ce hideux trophée en face de l'église, près de l'arbre de la liberté, et les exaltés et les filles dansent là une carmagnole échevelée. Le corps de M. de Vissec fut jeté à la Meuse. Plus tard il fut recueilli par la famille Maucomble d'Artaise, et enterré à Villette, près Sedan (1).

N'insistons pas sur ces scènes sanglantes. Elles indiquent assez quelle était l'exaltation des idées. Disons bien haut qu'elles furent le fait d'hommes étrangers à la région.

***

Les provinces qu'allaient envahir les coalisés étaient les plus patriotiques de France. Les paysans furent partout d'un dévouement admirable. Tous les habitants de l'Argonne, une foule de jeunes gens de Vitry-le-François, Stenay, Mouzon, Charleville, Reims, Epernay, se formèrent en francs-tireurs, pour défendre la frontière ; ils vinrent se joindre aux bataillons de la Marne, levés en 1791, et combattirent dans les rangs de Dumouriez.

Parmi ceux qui étaient venus attaquer l'armée de Clerfayt à Stenay, cent dix hommes de Mouzon, presque tous vétérans, avaient quitté leurs foyers et leurs propriétés. Ils firent une retraite honorable, sans être entamés, sauvèrent leur drapeau, ramenèrent deux chariots de vivres et rentrèrent au camp de Grandpré (2).

(1) Ch. PILARD, *Sedan sous la première Révolution*, IV, p. 10.
Annales politiques et littéraires, 1792, p. 1138.
P. COLLINET, *Sedan il y a cent ans*, Sedan. 1893, I, 119.
L'abbé Demaugre, de Carignan (28 fév. 1714-29 floréal an IX), fut enfermé deux fois au Mont-Dieu.
(2) *Mercure français*, septembre 1792, p. 141.

Les femmes elles-mêmes montraient le plus grand patriotisme. Mme de Saulane, imitant les demoiselles de Fernig à l'armée de Dumouriez, accompagna son mari, capitaine aux hussards des Ardennes. Agée de vingt ans, elle porta l'uniforme des officiers du corps et se conduisit aussi bravement que le plus intrépide cavalier (1).

Le 2e bataillon des Ardennes était sorti de Longwy après la reddition de la place ; il ne peut se résoudre à l'inaction, et, malgré les stipulations de la capitulation, il rentre dans le rang. On le retrouve au Chesne, à La Croix-aux-Bois, à Grandpré et à Valmy (2).

Les désastreuses nouvelles venues de l'armée, au lieu d'abattre les énergies, comme le croyaient les émigrés, exaltaient les âmes.

L'approche des ennemis et l'ardente proclamation de Dumouriez excitent surtout l'enthousiasme des gardes nationaux des districts de l'Argonne. Dans les premiers jours de septembre, ils affluent par milliers, de toutes les communes environnantes, avec leurs fusils, leurs haches, leurs faux, avec leurs pioches, leurs pelles et leurs bêches. Ils se rassemblent d'abord dans le bois des Alleux, puis ils sont dirigés avec leurs voitures et des vivres au-devant de l'ennemi. Les uns restent dans les gorges de Landèves ; le plus grand nombre va à La Croix-aux-Bois, à Briquenay et à Buzancy, où ils séjournent quatre jours en attendant les ennemis.

Tous travaillent avec une activité dévorante à préparer la défense des défilés de La Croix et du Chesne. Les gens de Toges, travailleurs des bois, coupent des chênes sur la route de La Croix et de Boult-aux-Bois ; dix femmes coopèrent à cette tâche avec les habitants de La Croix et de Longwé. Ils creusent des tranchées profondes sur les chemins. Sur la lisière des bois des Alleux, de Quatre-Champs et de La Maison-Rouge, on abat les arbres sur la route. Les hommes de Vandy coupent le pont de Germont. Le pont de Brieulles sur la Bar est détruit par les gens de Quatre-Champs. A Pont-Bar, les gardes nationaux de Louvergny, de Marquigny et de Suzanne enlèvent le pont, barrent la rivière et élèvent une redoute, qui est gardée par 60 hommes de Sauville. Un détachement venu du Chesne, avec 40 hommes des Alleux, surveille les

(1) Paul TRIAIRE, *Dominique Larrey et les Campagnes de la Révolution et de l'Empire*, p. 32.
(2) Arch. des Ardennes, L 304, 254.
Revue historique ardennaise, 1894, t. 1, p. 270.

routes, au coin du bois de La Maison-Rouge, pendant quatre jours.

Les ponts de l'Aisne sont coupés et les passages guéables gardés.

On organise un service des postes entre Grandpré, Vouziers, Le Chesne, Poix et Mézières.

La direction du district de Vouziers quitte le chef-lieu et transporte sa résidence à Pauvres, puis à Rethel (1).

C'est sur ce coin de terre, déjà tant foulé par les envahisseurs depuis Attila, le va-et-vient d'une ruche bourdonnante. Sur les chemins, labourés par la pluie qui tombe toujours, ce ne sont que longues théories d'hommes de tout âge, de militaires, de chevaux et de charrettes. Les villages, naguère si florissants, sont maintenant déserts comme après le passage d'un fléau. Si le patriotisme et l'enthousiasme de la liberté exaltent les âmes, le deuil national se reflète dans tous les cœurs. Et dans les rues mornes, les jeunes filles, au regard triste, chantent :

> La patrie est en danger,
> Affligez-vous, jeunes fillettes...
> Ne croyez pas que l'étranger
> Vienne pour vous conter fleurette :
> Il vient pour vous égorger.

Et cette activité formidable contraste avec la pénurie profonde de la région. Les marchés de Sedan, Charleville, Givet et Vouziers sont désertés. La Marne ne fournit plus de froment ; celui de la Lorraine ne peut plus arriver. Vouziers est ruiné par le passage perpétuel des troupes. Rethel est épuisé par la fourniture de 147,000 livres de pain pour le camp de Maulde. Les administrateurs des Ardennes écrivent au ministre : « Nous sommes menacés de la famine si l'Etat ne nous vient en aide. »

Ainsi donc, les villages de l'Argonne sont dépouillés, vidés par les exigences de Dumouriez ; les chemins, creusés d'ornières profondes, sont impraticables ; les terres sont ravagées par les pluies torrentielles ; la grande forêt retentit des hymnes de guerre,

---

(1) Les Alleux, La Maison-Rouge, Boult-aux-Bois, Brieulles-sur-Bar, Germont, Louvergny, Pont-Bar (Tannay), Sauville, villages du canton du Chesne (Ardennes).
Ballay et Landèves, Longwé et La Croix-aux-Bois, Quatre-Champs, Toges, Vandy, canton de Vouziers.
Marquigny et Suzanne, canton de Tourteron (Ardennes).
Briquenay, canton de Buzancy.
Poix, canton d'Omont (Ardennes).
Pauvres, canton de Machault (Ardennes).

et cache un paysan armé derrière chaque chêne ; et le peuple, exalté, est prêt à tous les sacrifices.

C'est dans cette région, dévastée, ruinée — mais vibrante de patriotisme et hérissée de baïonnettes — que les coalisés allaient tenter la fortune.

SOURCES

Moniteur de septembre et octobre 1792.

De Gimoard, *Tableau historique de la guerre de la Révolution de France*, Paris, 1808, T. II, p. 79 et suiv.

Jomini, *Histoire critique et militaire des guerres de la Révolution*, T. II.

Campagne de 1792 en France, par A. Joinville. Ext. du *Spectateur militaire*, déc. 1840, mars 1841, Paris, 1841.

Chuquet, *loc. cit., passim.*

Laurent, *Variétés historiques. Les préliminaires de Valmy*, Paris, 1890.

Arch. des Ardennes, L, 304.

V

LA BATAILLE DE LA CROIX-AUX-BOIS

Au delà de Grandpré, occupé le 4 septembre par Dumouriez, l'Argonne pouvait encore être franchie par les trouées de La Croix-aux-Bois et du Chesne.

Le défilé du Chesne avait deux passages :

1º La route de Stenay au Chesne et à Vouziers, bordée à droite, au-delà du bourg, par les bois de Voncq et de Vandy; à gauche par les bois du Chesne, de la Maison-Rouge et de Vaumaillart. Il était déjà protégé en avant par les travaux de défense de Pont-Bar, où, près du pont détruit, on avait élevé un retranchement.

2º Le chemin de Noirval, qui mène de Brieulles-sur-Bar à Vouziers et rejoint à angle droit, à Quatre-Champs, la route du Chesne à Vouziers. Il longe la petite rivière de la Fournelle, qui se jette dans l'Aisne à Condé, et passe entre les bois de Vaumaillart et de Noirval (1).

Cette trouée est plus large et plus ouverte que les autres.

Le défilé de La Croix était alors un simple chemin de charrettes et de bûcherons, qui conduisait de Buzancy à Vouziers, par Boult-aux-Bois et La Croix.

A mi-chemin de Boult à La Croix, la route, qui court sous bois, descend dans une dépression de terrain, traverse une clairière pittoresque et remonte brusquement : c'est la Linette, où eurent lieu des escarmouches d'avant-garde. Là fut blessé mortellement le lieutenant Nicolas-Toussaint Guelliot, des volontaires des Ardennes (2).

---

(1) Voncq, canton d'Attigny. — Condé, canton de Vouziers. — Noirval, canton du Chesne (Ardennes).

(2) Mort de sa blessure le 22 septembre à Vrizy (Ardennes).

A l'orée du bois, on aperçoit le village de La Croix, qui semble tapi dans un nid de verdure. Les maisons de culture s'alignent de chaque côté du chemin, qui constitue l'artère principale du bourg.

A la sortie du village, on voit encore, sur la droite, le modeste château des Riencourt, bâtisse vulgaire, sans caractère architectural ; il ne se distingue des habitations voisines que par son toit aigu, qui tombe de vétusté, et par la lèpre qui ronge ses pierres séculaires. Au-dessus de la porte d'entrée, deux écus accolés, aux armes des Pavant et des Sons, sont parfaitement conservés.

A cette époque il existait, près de là, une autre demeure seigneuriale, appelée *le Château de Tanon;* il formait un domaine important, au-delà du village, à gauche de la route de Vouziers, à droite du chemin de Longwé. Assis sur une légère éminence, il dominait au loin la plaine et se composait d'un corps de bâtiment en briques, faisant face au couchant, flanqué de quatre tourelles et d'un donjon. C'était un vieux château de belle allure. Il renfermait de magnifiques tapisseries de chasse.

Des communs spacieux, au nord et à l'est du château, encadraient une large cour ; on y avait accès par une haute porte, qui ouvrait sur le chemin de Longwé.

Au levant, de grands jardins longeaient ce chemin et s'étendaient jusqu'aux maisons du village.

Il était la propriété de Charles-Louis de Pavant, qui, ému des menaces de ses vassaux, avait émigré en 1792. Après son départ, des scellés furent apposés sur son mobilier (1).

Au sud-est du village est creusé un ravin profond ; on y aperçoit des masures abandonnées, enfouies dans les arbustes : ce sont les derniers vestiges du village de Livry, détruit, dit-on, en 1712, par

(1) Pavant : d'argent à trois fasces de gueules, au chef échiqueté d'or et d'azur de deux traits (pierre tombale de l'église de La Croix et cloche de Longwé). Cette famille apparaît au XIIe siècle dans la région. La Croix lui échut par le mariage de Charles de Pavant, seigneur de Taisy, avec Marie de Sons, dame de La Croix, dont la sœur, Elisabeth de Sons, épousa Pierre de Riencourt, seigneur de Parfondru. Le dernier seigneur de La Croix, Charles-Louis de Pavant, d'abord capitaine de Chevau-légers au Régiment de Grandpré, puis commandant du Royal-Roussillon, mourut à Paris le 5 novembre 1819. Sa fille unique, Louise-Sophie-Zélanie, épousa le comte Charles-Herbrand de Briey, dont cinq fils, parmi lesquels l'évêque de Meaux, l'évêque de Saint-Dié et le général de Briey, marié à Mlle de Ludre. Le château de Tanon eut le sort de toutes les maisons seigneuriales ; il fut démoli en 1794. On retrouva plus tard l'argenterie que Charles-Louis de Pavant avait enfouie dans un puits avant son départ. — Les de Riencourt se partagèrent la seigneurie de La Croix avec les de Pavant pendant les deux derniers siècles.

Cf. VINCENT, *Les inscriptions anciennes de l'arrondissement de Vouziers*, Reims, 1892. — Archives du baron de Finfe de Saint-Pierremont.

Groswestein (1). Là, prend sa source le ruisseau de Longwé. Du ravin, on monte vers le bois qui domine le village.

Au nord, les terres dévalent en pente douce et séparent La Croix de la superbe forêt de Landèves, traversée par un ruisseau qui naît à peu de distance du village et va se jeter dans la Fournelle à Ballay.

Tout autour de cette vaste clairière, le regard se repose sur le cercle des frondaisons, sur les têtes arrondies des chênes et des hêtres qui bornent l'horizon.

***

Les gens de La Croix, de Longwé et de Toges avaient accumulé des troncs d'arbres sur la route et creusé des tranchées qui devaient rendre l'accès du village inabordable. C'est dans ces défilés que nous avons déjà suivi les Patriotes, accourus en masse à la voix de Dumouriez.

Pendant les premiers jours de septembre, Le Chesne n'avait été gardé que par cent hommes d'infanterie et quelques dragons de Sedan. Mais Duval, pressé par Dumouriez, arrivait de Pont-sur-Sambre à marches forcées (2). Le 7, il était le matin à Rethel et le soir au Chesne, malgré la pluie et les chemins défoncés. Il avait avec lui quatre bataillons (3) et deux escadrons de dragons, en tout 3,050 hommes. Dumouriez le félicita et lui renouvela l'ordre de rendre la trouée de Noirval impraticable. Les paysans y vinrent avec des haches, des bêches et des pioches, creusèrent des tranchées et coupèrent les ponts de la Fournelle. Le 10 septembre, Dumouriez rappela Duval, pour commander son aile droite à Marcq, et le remplaça par le maréchal de camp Dubouquet, vieux routier sans grand talent.

A La Croix, le général français avait envoyé le colonel Colomb, homme d'expérience et d'énergie, avec un escadron du 2e dragons, 1,200 hommes d'infanterie (4) et quatre pièces de canon. Il établit sa droite au ruisseau de Longwé et sa gauche à celui qui rejoint la Fournelle à Ballay. Il occupe la route, déjà encombrée d'abattis,

---

(1) Le major général hollandais Groswestein était entré en Champagne, après la victoire de Denain, avec 3,000 cavaliers. Il prit Sainte-Menehould et pilla Grandpré, dont les habitants soutinrent un siège de plusieurs heures dans la tour carrée de l'église.

(2) Pont-sur-Sambre, canton de Berlaimont (Nord).

(3) 1er bataillon de la Marne, 5e de la Meurthe, un du 94e et un du 99e.

(4) 71e de ligne, 2e bataillon de la Meuse.

s'y barricade et y place les bouches à feu ; ses hommes s'embusquent au milieu des arbres fruitiers et des haies.

Le 8 septembre, à neuf heures du soir, une patrouille ennemie se présente devant La Croix, guidée par un paysan ; mais, en voyant la barricade fortement gardée, elle se retire.

A minuit, le colonel Colomb envoie en reconnaissance vingt dragons vers Boult-aux-Bois ; ces hommes rencontrent des villageois armés de fourches, de fusils, de massues, cherchant les pillards ; ils racontent qu'il y a à Briquenay un détachement ennemi d'une soixantaine d'hommes qui enlèvent pain, bière, vin, viande, lard, volaille, foin, avoine, paille. C'étaient les éclaireurs de Clerfayt qui, se dirigeant sur Buzancy, envoyait fouiller les villages. Les dragons du colonel Colomb retrouvent le paysan qui avait été contraint de guider la patrouille des Autrichiens à La Croix ; ceux-ci se sont enfuis lorsqu'on leur apprit que l'armée française arrivait dans le défilé, que les Patriotes étaient très exaltés, qu' « ils mordaient leur sabre dans l'impatience de hacher les Prussiens ». Les dragons vont jusqu'à Beffu, où on leur offre de l'eau-de-vie, puis ils rentrent à La Croix.

Les habitants du village étaient très surexcités contre l'émigré de Pavant, seigneur de La Croix. Ils persuadèrent aux dragons que le château de Tanon renfermait des vins fins et des vivres en abondance, préparés pour les Princes et les aristocrates qui s'approchaient ; les cavaliers envahirent le château, brisèrent les scellés, burent et mangèrent à l'envi, s'emparèrent des bouteilles de vin et sortirent les poches pleines. Ils firent main basse sur les meubles, qu'ils vendirent ou déposèrent dans le village. Le colonel dut envoyer un piquet pour les mettre à la raison et leur faire restituer les objets volés. Deux hommes furent sévèrement punis (9 septembre) (1).

Le 11, le colonel Colomb informe Dumouriez que le défilé est inaccessible, grâce aux retranchements qu'il a prolongés jusqu'au bois, et qu'il peut être défendu par une poignée d'hommes. On pourrait en confier la garde au 4e bataillon des volontaires des Ardennes, venus à Vouziers après la capitulation de Longwy.

Dumouriez commit l'impardonnable légèreté de le croire ; il eût dû y envoyer un officier d'état-major pour lui rendre compte,

(1) Bibl. municipale de Sedan. Fonds O. de Gourjault, art. Lacroix. 20 janvier 1793. Le citoyen Lambert, administrateur du district de Vouziers, se rend à La Croix pour faire restituer les meubles de l'émigré Pavant, enlevés par les soldats.

étudier le terrain et y placer une batterie d'artillerie. Mais il était convaincu qu'il allait être attaqué à Grandpré : aussi rappela-t-il à lui le colonel Colomb. On ne laissa dans le village qu'une centaine d'hommes avec un capitaine.

Dumouriez donna l'ordre au commandant de son parc d'artillerie de fournir des armes et des munitions au 4e bataillon des Ardennes, qui était excellent, et au lieutenant-colonel de ce bataillon d'occuper La Croix avec ses volontaires et 60 cavaliers de la gendarmerie nationale ; malheureusement, cet ordre ne fut pas exécuté ; les armes ne furent pas distribuées ; les volontaires des Ardennes firent bien une reconnaissance le soir vers La Croix, mais ils s'immobilisèrent à Vouziers ; en sorte que, dans la journée du 12, la trouée de La Croix resta pour ainsi dire sans défense.

**

Cependant, le duc de Brunswick allait quitter le camp de Glorieux et s'avancer vers Grandpré avec l'armée prussienne ; il avait donné l'ordre à Clerfayt de forcer le passage de La Croix avec ses Autrichiens, et au général Kalkreuth, de l'avant-garde prussienne, de se joindre à lui.

Clerfayt était enfin parti de Baâlon le 7 septembre ; il traverse la Meuse à Stenay et se rend à Nouart par Beauclair. Il est à Buzancy dans la nuit du samedi au dimanche 9 ; ses soldats enlèvent tous les vivres et les fourrages. Kalkreuth, venant de Montfaucon-en-Argonne, est le 8 à Romagne, le 11 à Rémonville et à Nouart ; le 12, il est à Buzancy et à Briquenay (1).

Probablement Dumouriez ne s'aperçoit pas que les deux généraux s'avancent à pas de loup vers La Croix. Mais au moment où Kalkreuth passe le ruisseau de Briquenay, grossi par les pluies, la cavalerie de Miranda, qui commande la gauche de l'avant-garde de Dumouriez, débouche des bois de Bourgogne, près du Morthomme ; le général prussien la fait canonner par son artillerie légère, et les Français se retirent. Aussitôt Miranda s'élance sur lui avec son infanterie, et une lutte vive s'engage en avant de Briquenay. L'artillerie française réduit au silence l'artillerie prussienne ; les tirailleurs français, répandus dans le bois, refoulent les chasseurs allemands. Kalkreuth abandonne Briquenay et se retire sur la

(1) Beauclair, canton de Stenay (Meuse). — Nouart, Rémonville, canton de Buzancy (Ardennes).

hauteur. Du camp de Dumouriez, qui domine la vallée, on vit fuir les soldats allemands. « Résistance de mauvais augure », dit Caraman, lorsqu'il connut cet échec (1).

En même temps, Clerfayt apprend à Buzancy, par ses espions, que La Croix est dépourvu de troupes. Il y envoie, à la pointe du jour, les chasseurs de Le Loup, sous les ordres du prince de Ligne ; avec quelques hussards, ils s'engagent dans le ravin. Les abattis d'arbres étaient mal faits, les tranchées à demi comblées, malgré les ordres de Dumouriez. Les chasseurs rétablissent facilement la route et les hussards s'élancent au galop dans La Croix. Les cent Français qui le gardent s'enfuient à travers bois après une faible résistance (12 septembre).

La trouée de La Croix était prise par une simple reconnaissance. L'Argonne était ouverte, Dumouriez allait être tourné. La position si forte de Grandpré devenait dangereuse. Vers midi, le général français vit arriver les fuyards à Grandpré et comprit sa faute. Mais il espérait encore arriver à temps et résolut de tenter un vigoureux effort pour reprendre La Croix. Il donne cette tâche à Chazot, brave officier, mais général aux idées étroites.

Chazot quitte le camp de Grandpré le 12, à six heures du soir, avec 8 bataillons, 5 escadrons et 12 pièces de canon (2). Il emmène un chariot de fusils, pour armer le 4e bataillon des Ardennes, et deux chariots d'outils, pour perfectionner les retranchements.

Ils marchent toute la nuit sous l'averse, dans des chemins étroits, défoncés à ce point que plusieurs pièces d'artillerie s'y démontent. De Grandpré à Vouziers, ils longent les bois ; ils se perdent la nuit dans la forêt et sont sur le point de se jeter sur le parc d'artillerie des ennemis, qui campent sur la droite ; un trompette leur est envoyé et les remet sur leur chemin. Ils arrivent au jour à Vouziers. Tous les hommes sont logés ; le 98e occupe l'église. A 9 heures, on amène trois chasseurs autrichiens de Le Loup, pris dans un village voisin : ils se vantent qu'ils seront à Paris dans quinze jours et chasseront les Patriotes à coups de bâtons.

Ils sont exténués par douze heures de marche dans la nuit, et il leur eût été impossible de faire encore les deux lieues qui séparent

---

(1) CHUQUET, *Valmy*, p. 110.
(2) Les bataillons étaient tirés des 71e, 98e, 29e ; 1er bataillon des volontaires de la Meurthe, 1er de la Sarthe, 3e de Paris, 2e de la Meuse, 4 compagnies de Seine-et-Oise. — La cavalerie était formée de 2 escadrons de dragons, 2 escadrons du 23e cavalerie, 1 escadron du 7e.

Vouziers de La Croix. Ils séjournent le 13 à Vouziers. La pluie tombe à flots et les fourgons n'arrivent pas. Dumouriez inquiet a encore envoyé deux bataillons de renfort.

Le 14 septembre, la petite armée de Chazot est en marche à trois heures du matin, pour occuper les gorges de Landèves et de La Noue-Adam et attaquer La Croix. Soldats et paysans sont très enthousiasmés. Le tocsin sonne dans les vallées jusqu'au Chesne. Appelant le peuple aux armes, la grosse cloche de Vouziers est brisée. De tous côtés les gardes nationaux accourent ; ceux de Condé, sous les ordres du capitaine Noblet, du 3e bataillon des Ardennes, gardent les quais de Vouziers et les passages guéables de l'Aisne ; 150 hommes de Terron, qui étaient au bois de La Maison-Rouge, rentrent à Vouziers.

Avant 6 heures, on est devant le château de Tanon. Il est rempli d'infanterie autrichienne qui, des fenêtres, des créneaux, tire avec acharnement sur les Patriotes. La cavalerie attend le moment de charger ; l'artillerie canonne le château et le village ; l'infanterie, laissant libre la route pour la manœuvre des canons, engage une vive fusillade sur le château. Une batterie française de 3 canons s'avance imprudemment dans les jardins du château, sans être soutenue par l'infanterie : le jeune prince Charles-Joseph-Emmanuel de Ligne, colonel d'artillerie, de l'état-major de Clerfayt, fond sur elle, lui neuvième, s'empare de deux canons et va prendre le troisième, lorsqu'il reçoit deux balles au cœur ; ses efforts pour cacher sa blessure rendent plus déchirantes les larmes qui lui échappent. Il tombe de cheval. Tous ses hussards sont tués. Une lettre, trouvée sur lui, dépeint la tristesse de la situation de leur armée (1).

On raconte qu'il s'élançait vers le château, lorsqu'il rencontra le volontaire Cocardelle, de Longwé, qui déjà avait été forcé de lâcher pied à la Linette ; le prince lui cria : « Rends-toi, manant ! » Il répondit : « Voici comment se rend un Français ! » et il l'abattit d'un coup de fusil (2).

L'infanterie se jette sur le village au pas de charge, en deux colonnes ; le lieutenant-colonel Debanne commande la gauche et attaque les maisons ; à droite, vers le bois, s'avance avec ses hommes le lieutenant-colonel Leclaire, qui est accompagné

(1) Publiée par le *Moniteur* du 29 septembre 1792.

(2) On a prétendu à tort qu'il avait été tué par le garde Jacques Le Forestier, de Toges.

du citoyen Jarry et de quatre cavaliers ; ses têtes de colonne hésitent d'abord devant le feu de l'artillerie, mais sa mâle énergie stimule les ardeurs ; quelques caissons ont la flèche brisée ; à force de bras et de sang-froid, le capitaine Hennepont fait vider les caissons et sauve deux pièces de canon. Les hussards ennemis tirent presque à bout portant, au-dessus des haies. Le lieutenant-colonel Leclaire incline à gauche la tête de sa colonne et lance ses cinq bataillons sur l'infanterie autrichienne. Chazot fait jouer et chanter le « *Ça ira !* ». Les ennemis cessent le feu et s'enfuient dans les bois. A peine entend-on un coup de canon de temps à autre.

Après une heure et demie de combat, Chazot avait repris La Croix. Il en informe immédiatement Dumouriez, qui reçoit sa lettre à onze heures. Allégresse générale au camp de Grandpré, après les longues heures d'anxiété du 13, pendant lesquelles les aides de camp allaient à chaque instant vers Vouziers, interrogeant l'horizon. Billaud-Varennes, qui accompagnait Dumouriez, fait rapidement connaître cette heureuse nouvelle à Paris, et le directoire du district de Vouziers écrit aux municipalités voisines que les ennemis sont refoulés dans les bois (1).

Mais on s'était trop pressé, chez les Patriotes, d'escompter la victoire.

Les Autrichiens, en se retirant dans la forêt, y trouvent, venant à leur secours, un bataillon de Clerfayt, trois bataillons d'infanterie et des escadrons de hussards d'Esterhazy. Le général rallie ses hommes et revient rapidement à la charge.

Chazot n'avait pas eu le temps d'exécuter des travaux défensifs dans le village, et les chariots d'outils avaient été laissés en arrière. Tous les habitants avaient fait le coup de feu avec l'armée et avaient pris la fuite. Personne ne venait à son secours : ni Dubouquet, qui, du Chesne, pouvait attaquer le flanc droit des ennemis ; ni Dumouriez, qui avait promis son aide, mais qui, sans doute, eut peur de Kalkreuth, toujours à Briquenay ; il aurait dû côtoyer le bois de Bourgogne et attaquer la gauche de Clerfayt.

Les Autrichiens se jettent à nouveau sur La Croix, avec des troupes fraîches, deux heures après leur retraite, et tombent par surprise sur nos avant-postes, qui croient la bataille terminée. Ils

(1) Archives municipales d'Attigny.

s'emparent des hauteurs qui dominent la route et y établissent audacieusement leur artillerie.

Chazot organise rapidement la résistance. Le lieutenant-colonel Leclaire charge à la baïonnette l'ennemi qui défend le chemin du bois ; à sa droite, il lance sur un retranchement deux bataillons qui, à 50 mètres, sont reçus par un tel feu de mousqueterie qu'ils tirent en l'air, se débandent, abandonnent sacs et fusils et s'enfuient. Ils étaient déjà épuisés de fatigue.

Chazot fait avancer l'artillerie du 3e bataillon de Paris (4 pièces de 4), servie par des volontaires jeunes, braves, intelligents ; il leur recommande de tirer à mitraille. Les ennemis, voyant le désordre des Patriotes, se jettent à leur poursuite ; mais le feu des quatre pièces est si violent qu'il arrête leur élan.

Le lieutenant-colonel Leclaire, aidé de l'adjoint Jarry, s'efforce de rallier ses cinq bataillons ; les officiers du 71e le secondent avec un incroyable sang-froid ; les hommes reviennent au feu, reprennent sacs et fusils et se battent en désespérés. Ils tiraient beaucoup et fort bien, dit un prisonnier ; ils perdirent peu de monde ; ils étaient postés dans un ravin, derrière une longue haie, et tous leurs coups portaient, tandis que les Autrichiens étaient sur un terrain surélevé, au bord du bois, et n'abattaient, dit le dragon Marquant, que les feuilles et les fruits des arbres.. S'ils avaient plus longtemps résisté, l'ennemi eût été forcé de se retirer.

Mais les chasseurs de Le Loup pénétraient pour la deuxième fois dans le défilé. Ils souffraient beaucoup du feu de l'infanterie. Un de leurs lieutenants, le marquis du Blaisel, eut le bras gauche fracassé par un biscaïen (1).

L'artillerie ennemie continuait ses ravages et désorganisait l'héroïque petite armée ; une épaisse fumée masquait la forêt. Les Autrichiens recevaient toujours des renforts, surtout de l'artillerie. La lutte devenait trop inégale, la droite de Chazot était tournée, et le général français, après une résistance acharnée, crut prudent d'opérer lentement sa retraite. Il était onze heures.

Ils furent poursuivis par le régiment de Bender, mais le 98e le reçut par un feu de file à bout portant et arrêta son élan.

(1) Les du Blaisel étaient seigneurs de La Neuville-devant-Stenay, Luzy, Saint-Pierremont, Chenières, Praucourt, Redange. Le marquis Camille-Albert-Joseph-Auguste du Blaisel était né le 20 octobre 1770 au château de la Sauvage, près de Differdange. Il mourut à Prague le 4 juillet 1803, chambellan de l'empereur d'Autriche.
Cf. HENRY, *Biographie des généraux du Blaisel*, in *Revue d'Ardenne et d'Argonne*, 1904, t. XI, p. 175.

La retraite put s'effectuer par Falaise. L'ennemi n'osa d'abord aventurer sa cavalerie dans un terrain que les pluies avaient détrempé et où les chevaux s'enfonçaient jusqu'au ventre.

En sortant du bois, on put constater la grande supériorité numérique des Autrichiens : Clerfayt avait sous ses ordres plus de 12,000 hommes.

Les deuxièmes bataillons se retirèrent les premiers, les cinq autres formèrent une deuxième ligne ; leur flanc fut couvert par la cavalerie, qui était restée dans la plaine. Les dragons étaient à l'arrière-garde. L'ennemi se contenta d'envoyer quelques boulets. Il n'y eut dans cette retraite que trois blessés. Un homme eut la cuisse emportée.

A Falaise, l'infanterie passa d'abord le pont, protégée par la cavalerie et les grenadiers du 98e, qui étaient embusqués derrière les haies. A ce moment, les cavaliers furent pris d'une véritable panique : ils étaient suivis par les chasseurs autrichiens. Ils descendirent le village au grand galop, poussant des cris effroyables ; il fut impossible de les arrêter ; à peine avaient-ils franchi le pont qu'ils voulurent le couper. Ce ne fut que le pistolet à la main que le lieutenant-colonel Leclaire les en empêcha. Les grenadiers, laissés dans les haies, purent enfin rejoindre la colonne, et le pont fut détruit. Ils prirent le chemin de Vouziers. Le soir, ils bivouaquèrent sur les hauteurs de Chestres (1).

**

Les Autrichiens seuls prirent part à l'affaire de La Croix. Un certain nombre d'émigrés, comme le duc de Lévis, étaient incorporés dans leurs rangs. Les fusiliers de Lecat, du corps prussien de Kalkreuth, étaient près de là ; ils entendirent la fusillade et virent transporter les morts et les blessés, mais ne bougèrent pas.

Ils eurent 25 tués, dont 4 officiers, 65 blessés et 15 disparus.

Chazot perdit peu de monde. Il accuse quelques morts et une vingtaine de blessés. Il abandonna un canon, des affûts et des fourgons de vivres. Il écrivit de nouveau à Dumouriez pour lui apprendre sa défaite. « 5,000 hommes, dit-il, n'ont pu tenir contre 12,000. Nous serons plus heureux une autre fois. » (2).

Le défilé de La Croix était perdu sans retour.

(1) Chestres, canton de Vouziers.

(2) *Moniteur* du 17 septembre 1792, n° 261, p. 713. Marat mit Chazot en accusation, mais la Convention passa à l'ordre du jour.

L'Argonne allait être franchie. Mais Dumouriez connut la nouvelle à cinq heures du soir et fut plus prompt que Brunswick ; il partit la nuit même pour Valmy.

Le soir, Chazot donna l'ordre à la municipalité de Vouziers de demander à Dubouquet, toujours au Chesne, si le pont de Vouziers lui était nécessaire ; sur sa réponse négative, on fit immédiatement sauter le pont.

Chazot reçut l'ordre de partir à minuit ; mais ses hommes étaient à bout de forces ; il ne quitta Vouziers que le 15, au jour, pour rejoindre Dumouriez par Vaux-lez-Mouron. Il arriva à Montcheutin après Dumouriez. C'est là que son arrière-garde fut prise d'une panique folle, qui faillit compromettre gravement l'armée. Chazot put sauver la situation par son énergie et le dévouement héroïque des hussards de Chamborant (1).

Les Autrichiens étaient convaincus que Chazot reprendrait l'offensive le lendemain. Aussi restèrent-ils sur leurs positions à La Croix, où ils se fortifièrent. Ils établirent à Chamiot une avant-garde qui fit des réquisitions jusqu'à Vouziers. Le 17 septembre, sur l'ordre de la municipalité, M¹¹ᵉ de Vouziers dut leur envoyer, de son château, du pain et de la viande cuite.

Clerfayt commit la faute de ne pas poursuivre Chazot. Il aurait pu menacer la gauche de Dumouriez par Olizy. Les Patriotes restaient maîtres de la rive gauche de l'Aisne.

Le 18, Clerfayt allait de La Croix à Vouziers et à Semide, tandis que Kalkreuth, venu à Longwé, allait camper à Liry et Marvaux (2).

Dumouriez dit, dans ses mémoires, que, pendant la bataille de La Croix, Dubouquet fut attaqué au Chesne par les émigrés, et divers historiens ont reproduit le fait. Cette attaque n'a pu avoir lieu. A cette époque, l'armée des émigrés n'était pas dans les Ardennes ; elle n'arriva à Buzancy que le 17 ; et Dubouquet était parti dans la nuit du 15 au 16, pour se replier sur Neuvizy, Rethel, Perthes et Saint-Hilaire ; il était le 17 à Châlons (3). Le soir de la bataille de La Croix, Dubouquet écrivait à la municipalité de Vouziers, et sa lettre ne faisait aucune mention des émigrés. Mais

(1) Chuquet, *loc. cit.*, p. 125.
Montcheutin et Vaux-lez-Mouron, canton de Monthois (Ardennes).

(2) Chamiot, écart de Chestres. — Olizy, canton de Grandpré. — Semide, canton de Machault. — Liry et Marvaux, canton de Monthois (Ardennes).

(3) Neuvizy, canton de Novion. — Perthes, canton de Juniville (Ardennes). — Saint-Hilaire-le-Grand, canton de Suippes (Marne).

la preuve la plus certaine est dans le procès-verbal du Comité de surveillance du Chesne (Arch. départ., L, 694) : « L'armée des « émigrés, y est-il dit, a pris route par La Croix et non par « Le Chesne ; ce n'est qu'à leur retour ou fuite du territoire de la « République qu'ils ont entré dans le Chesne. » Pressés de se diriger rapidement vers Valmy, les émigrés n'avaient plus aucune raison de passer par Le Chesne, quand la route de Buzancy à La Croix et à Vouziers était largement ouverte.

SOURCES

Ministère de la Guerre, Archives historiques. Armée du Centre, 2ᵉ quinzaine de septembre, n° 216 ; affaires du 14 au 23 septembre. Relation publiée à Berlin.

Moniteur, lundi 24 septembre 1792.

Gazette de France, 30 septembre 1792.

Archives de Vouziers et Registre des Délibérations de l'Assemblée municipale de Vouziers, septembre-octobre 1792.

Liger, *Campagnes des Français pendant la Révolution*, Blois, 1798.

Dumouriez, *Campagnes dans la Champagne et la Belgique*, écrites par lui-même, Hambourg (s. d.).

Grimoard (de), *Tableau historique de la Guerre de la Révolution de France*, Paris, 1808, T. II, pp. 79 et sv.

H. Collin, *Biographie et Chroniques populaires du département des Ardennes*, IIIᵉ série, pp. 211-225.

Paris, *Cabinet historique*, XVIII, p. 35.

Chuquet, *Valmy*, p. 115.

Grandin, *Les Prussiens en France*, Paris, 1892.

Dragon Marquant, *Carnet d'étapes*, Paris-Nancy, 1898.

Maurice Dumolin, *Précis d'histoire militaire. Révolution et Empire*, Paris, 1901, fasc. 1.

Vincent, *Histoire de la ville de Vouziers*, Reims, 1902, p. 139.

Général Leclaire, *Mémoires et Correspondance*, Paris, 1904, in-8°.

O. Guelliot, *Le Château de Laubrelle*, Paris, 1905.

VI

DE THIONVILLE A VERDUN

Le 9 septembre, les Emigrés sont toujours devant Thionville.
Monsieur est revenu de Verdun. On apprend que le roi de Prusse
va être aux prises avec Dumouriez et qu'une grosse partie va se
jouer. Brunswick appelle enfin à lui la cavalerie des Princes. Selon
l'expression du moment, il demande à messieurs les paladins de
venir faire le coup de sabre. L'infanterie doit continuer l'investissement de Thionville et la cavalerie, longeant la Meuse, déboucher
en Champagne par Le Chesne.

Cette nouvelle provoque une violente émotion parmi les
gentilshommes des compagnies à pied et une émeute est sur le
point d'éclater. Ils prétendent, eux aussi, aller à la conquête de
Paris. Le maréchal de Castries veut les calmer et est insulté. Leur
irritation redouble lorsqu'ils apprennent que le prince X. de Saxe,
qui devait les commander, refuse sa commission. Ils craignent
d'être sans argent et sans vivres et demandent qu'un prince reste
au milieu d'eux. Les gentilshommes de province sont exaspérés
contre les monarchiens. Le comte d'Artois ne les apaise qu'en leur
promettant de rejoindre, et le maréchal de Broglie doit demeurer
à leur tête.

Monsieur fait un détour par Luxembourg, pour y voir une
personne dont il est séparé depuis plusieurs mois (d'Espinchal).

Le comte d'Artois, resté seul, reçoit les doléances des émigrés
avec sa bonne grâce habituelle et les flatte par de belles promesses.
Il fait partir ses fils avec une colonne de cavalerie et ne doit les
rejoindre que le surlendemain. Il veut, avant son départ, rétablir
la paix et la confiance. Il fait ses adieux à Calonne, dont la caisse
est vide ; en prenant le chemin de Cologne, le ministre n'a plus
que 104 louis dans sa bourse ; il en laisse 100 pour subvenir aux
besoins de l'infanterie noble, qui est dans le plus complet
dénuement.

La colonne est éclairée par le Royal-Allemand, puis par les gardes-nobles, qui précèdent les Princes et le maréchal de Castries.

L'avant-garde est commandée par de Jaucourt. Elle se compose de la brigade de Monsieur, des hussards de Bercheny, des chasseurs de Polignac et de 200 hommes d'infanterie.

Toute la cavalerie va suivre. De l'infanterie, on n'emmène que le régiment de Berwick.

Le duc de Coigny commande la colonne de droite avec les Princes, le marquis d'Autichamp la colonne de gauche. Hohenlohe-Kirchberg part, le 10, avec une partie des Autrichiens, et se rend à Clermont pour masquer les Islettes. Il ne reste devant Thionville que le corps de Willis avec l'infanterie noble.

Le 11 septembre, il fait le plus affreux temps qu'on puisse rêver : une pluie glaciale tombe sans discontinuer. Les chevaux souffrent atrocement. Les chemins et les champs sont inondés et paraissent inabordables.

A sept heures, on se met en marche. Les équipages ont une peine infinie à avancer. On fait cinq lieues à travers champs, pour gagner Aumetz, où est le quartier général. L'avant-garde traverse le village et se rend à Crusnes, une lieue plus loin. Fort heureusement, tous les hommes sont logés dans les maisons ou dans les granges. Les chevaux sont au bivouac (1).

Le village d'Aumetz est dévasté. Il a fort mauvaise réputation ; ses habitants ont manifesté des idées très exaltées depuis la Révolution. Un détachement prussien, venu de Longwy, avait reçu l'ordre de piller les maisons ; il avait été accueilli à coups de fusil ; le curé avait fait feu sur l'officier qui commandait ce détachement et l'avait blessé à la joue. Les paysans connaissaient la conduite odieuse des Prussiens autour de Longwy. Ils savaient qu'on y assommait les villageois, qu'on violait les femmes ; qu'il ne restait pas un meuble intact, pas un chiffon, pas une assiette, pas un morceau de pain pour les mères et les enfants ; que bétail, chevaux, voitures, tout, jusqu'aux ustensiles de ménage, avait disparu.

Ils reçurent fort mal les émigrés, qui refusaient les assignats. Plus ceux-ci pénètrent au cœur de la France, plus ils sentent monter la colère et la malédiction de ce peuple qu'ils viennent délivrer ; plus ils comprennent qu'il est implacablement hostile à leur entreprise et qu'ils n'ont plus de parti en France.

(1) Aumetz, autrefois canton d'Audun (Moselle), maintenant Lorraine allemande.
Crusnes, canton d'Audun (Meurthe-et-Moselle).

Le temps est mauvais le 12 septembre. Les chemins sont toujours pitoyables et les champs réduits à l'état de marécages. Après quatre grandes lieues d'une marche horriblement pénible, on arrive à Eton ; le quartier général est à Etain (1).

On est à couvert à Eton et, sur remise de bons de réquisitions, on leur fournit les vivres et le fourrage. Les habitants se plaignent du nouvel ordre de choses ; ils désirent le rétablissement de la monarchie et arborent le drapeau blanc. Mais les émigrés ne croient pas à ces manifestations et sont convaincus que c'est pour leur donner le change.

Pourtant, les habitants de Briey viennent au-devant d'eux avec la cocarde blanche ; ceux d'Etain leur souhaitent la bienvenue et le lieutenant de gendarmerie Jacques-Etienne Marchand (2) vient à leur rencontre avec ses hommes qui tous portent la cocarde blanche.

Mais la masse du peuple ne montre aucune bienveillance et les hommes sont dans les bois, laissant les femmes et les enfants à la maison. Deux jeunes filles d'Etain, restées seules, leur disent audacieusement : « Nos prétendus sont en armes contre vous, et ils ont nos vœux autant que nos cœurs. » (Las Cases).

Les Prussiens, venus de Longwy le 22 août, avaient encore pillé le village et semé partout la terreur. On avait emprisonné les Patriotes, pris les fusils et les drapeaux, abattu l'arbre de la liberté, arboré le drapeau blanc (3).

Le comte d'Artois, laissant l'infanterie devant Thionville, avec le maréchal de Broglie, rejoint ses enfants à Etain. La veille, il avait couché à Aumetz, sur une paillasse.

Le 13 septembre, la pluie tombe à nouveau, glaciale, obstinée. D'Etain à Verdun la chaussée est moins défoncée, mais le vent fait rage. Cela fait pitié de voir des vieillards comme M. de Montboissier, octogénaire, donner l'exemple de la résignation, à la tête de leur division. Les quatre princes sont à cheval en avant de l'armée. On arrive devant Verdun.

Le drapeau blanc flotte partout, sur la citadelle et les clochers ; ce spectacle emplit leur âme d'allégresse et redouble leur courage.

L'armée occupe le village de Belleville, faubourg de Verdun ; l'avant-garde traverse la ville et s'établit à Béthelainville. Les habitants paraissent les recevoir avec des visages amis ; hommes

(1) Etain, chef-lieu de canton (Meuse). — Eton, canton de Spincourt.
(2) Condamné à mort le 5 frimaire an II (Arch. nat., W 267, dos. 270, pp. 3-5).
(3) Moniteur du 1er septembre 1792, p. 577.

et chevaux sont à couvert ; mais les émigrés sont sans argent, sans pain et sans munitions de guerre (1).

Les Princes sont à Verdun avec leurs immenses bagages.

On séjourne le 14 septembre.

A Béthelainville, ils s'emparent des logements des habitants et, bien que le pays manque de tout, ils réquisitionnent foin, avoine, moutons, vaches, et se livrent au pillage. Ils se font remettre les fusils et les sabres des gardes nationaux, que le maire est forcé d'aller chercher de porte en porte. Les papiers de la commune sont enlevés. On impose au village une forte contribution, qui doit être versée de suite, sous peine d'y être contraint par les Prussiens (2).

C'est à Béthelainville que le marquis de Jaucourt reçut l'ordre de rejoindre Clerfayt, qui avait besoin de renforts.

Pendant leur court séjour sous les murs de Verdun, les émigrés furent tout heureux de pénétrer dans une cité française. La ville avait peu souffert du bombardement ; mais, dans les rues dépavées, il y avait une boue épaisse.

Leur arrivée comble de joie les royalistes. Mme Meslier de Rocan, dans ses Mémoires, s'extasie sur « leurs belles écharpes blanches, leurs plumets, leur magnifique tenue ». La cocarde blanche remplace partout la cocarde tricolore. Les magasins sont ouverts et en pleine activité. On y donne des fêtes, des bals, des banquets et des concerts. Tous les couples que la guerre a séparés s'y donnent rendez-vous. On se réjouit, on s'embrasse. Verdun devient une autre Paphos (3). On sait le pèlerinage des dames de l'aristo-cratie au camp de Frédéric-Guillaume et l'histoire des dragées.

Le lieutenant-général prussien de Courbière était gouverneur de la ville ; il descendait d'une famille de protestants du Dauphiné, chassés par l'Edit de Nantes. Il faisait la police au nom du roi de Prusse.

Les émigrés vinrent faire leur cour aux Princes et à Breteuil, l'âme damnée du comte d'Artois. On leur dit que les troupes patriotes sont dans le plus piteux état, qu'elles manquent de tout et ne peuvent offrir une grande résistance. Quelques officiers se rendent à la citadelle, pour interroger les soldats patriotes faits prisonniers ; ils sont violemment invectivés par ces hommes qui leur disent des horreurs sur le roi.

(1) Belleville et Béthelainville, canton de Charny (Meuse).
(2) Arch. de la Meuse, L 69, 13 sept. 1792.
(3) Jussy, in *Franc parleur de la Meuse*, 1843.

Ils apprennent que Clerfayt pénètre en Champagne par Stenay, que Dumouriez garde fortement le défilé de Grandpré et a fait occuper les autres points faibles de l'Argonne.

Ils sont enthousiasmés de la reddition de Verdun. Ils comprennent cependant que ces victoires sont peu glorieuses et que les résistances des Patriotes deviennent inquiétantes.

Les Princes avec le roi rejoignent l'armée prussienne et la cavalerie des émigrés part pour Dun.

SOURCES

D'Espinchal, ms. cité.

Chuquet, La première invasion prussienne, Paris, 1886, pp. 213 et suivantes.

Gœthe, Campagne de France, Trad. Porchat, Paris, 1891.

P. Mérat, Documents relatifs aux campagnes en France et sur le Rhin, pendant les années 1792 et 1793, tirés des papiers de S. M. le feu roi de Prusse Frédéric-Guillaume III, Paris, 1848.

Ed. Pionnier, Essai sur l'histoire de la Révolution à Verdun, Nancy, 1906.

VII

LE CAMP DE LANDRES

L'ivresse du triomphe et sans doute aussi les dissentiments qui régnaient dans l'état-major avaient fait perdre au duc de Brunswick six jours dans le camp de Glorieux. Ce fut une faute irréparable, qui eut une grosse influence sur le dénouement de la campagne. Les alliés n'auraient alors trouvé aucun obstacle sur le chemin de Paris. Dumouriez, dont la situation était compromise, en profita pour se fortifier à Grandpré et rappeler Beurnonville et Kellermann, qui arrivaient à marches forcées.

Brunswick n'avait pas voulu s'emparer des Islettes en arrivant à Verdun, ainsi que le lui avait fait dire, par l'émigré Valory, le général Kalkreuth, qui commandait la 2ᵉ division de la cavalerie prussienne. Cependant, le 1ᵉʳ septembre, Galbaud y était seul ; et, lorsque ses troupes aperçurent le détachement de Prussiens et d'Emigrés qui, venus de Verdun, allaient châtier les habitants de Varennes, la terreur s'empara d'elles et elles reculèrent à Sainte-Menehould. Si quelques hussards prussiens s'étaient avancés sur la grande route, ils auraient pris possession des Islettes et de la côte de Biesme ; Galbaud aurait abandonné Sainte-Menehould et se serait enfui à Châlons. Mais le détachement ennemi se retira de Varennes et Galbaud réoccupa le défilé (1). Le roi et Brunswick vinrent à Clermont ; ils virent la côte de Biesme aux mains des patriotes ; le duc se repentit de sa faute, et, lorsqu'il y envoya les Hessois, le 7 septembre, puis les Autrichiens d'Hohenlohe, il était trop tard (2).

Les lieutenants de Dumouriez occupaient donc les défilés avant les alliés. Le général prussien interrogea le baron Albert de Pouilly, qui était de la suite du roi et qui, en sa qualité de gentilhomme ardennais, connaissait assez les trouées de l'Argonne

(1) *Mémoires* de DUMOURIEZ, I, 262.
(2) Clermont-en-Argonne, chef-lieu de canton (Meuse).

pour guider la marche en avant ; de Pouilly lui conseilla de prendre *à gauche* et de tourner les Islettes ; le lendemain, 10 septembre, le duc se décida à quitter Glorieux et prit *à droite*, sur la route de Clermont ; puis il se dirigea, par Montfaucon, vers Landres (1).

Une pluie torrentielle et obstinée tombait. L'Argonne se transformait en un horrible bourbier, les campagnes étaient gorgées d'eau, les vallées devenaient des marais. Les rivières débordées roulaient une eau sanglante d'avoir lavé la pourpre des champs ; parfois aussi elles emportaient des cadavres ennemis. Dans la grande forêt, où gémissait l'éternelle averse, les chants de guerre retentissaient (Carlyle). Les chemins noyés, défoncés, devenaient impraticables ; il fallait jeter des troncs d'arbre dans la boue pour permettre à l'artillerie de passer ; on attelait 42 chevaux à un seul canon. Les voitures étaient embourbées sur le chemin de Montfaucon, les chevaux épuisés tombaient par centaines. On n'avançait qu'au prix de grandes souffrances.

Les paysans faisaient le vide autour de l'ennemi. Ils se retiraient dans les bois avec les vivres, l'eau-de-vie, les fourrages, le bétail. Il ne restait aux envahisseurs que du bois vert et des raisins verts. Les femmes, très exaltées, se jetaient sur eux avec leurs faucilles et criaient : « Mort aux étrangers ! » La faulx des villageois était suspendue sur la tête des traînards, qu'on trouvait assassinés derrière les buissons. Le duc de Brunswick s'en vengeait en exerçant de cruelles représailles. On pendait les paysans qui tiraient sur les Allemands, on traînait en voiture les membres des comités, les mains liées, malgré leurs cheveux blancs (Carlyle).

Les rares gentilshommes verriers qui étaient restés dans l'Argonne essayèrent en vain de paralyser la défense ; le plus grand nombre était à l'armée de Condé ; quelques-uns furent cependant arrêtés et conduits à Châlons (2).

Déjà, à cette époque, des pétitions se couvraient de nombreuses signatures, demandant de mettre à prix la tête des émigrés (3). Et ceux que les ans ou les infirmités retenaient au coin du feu disaient aux Prussiens leur haine de l'ancien régime ; ils parlaient

(1) Montfaucon-en-Argonne, chef-lieu de canton (Meuse).
Landres, canton de Buzancy (Ardennes).
(2) BUIRETTE, *Hist. de Sainte-Menehould*, I, 267 et II, 601.
(3) Arch. nat. F¹ᶜ III, Meuse, 10, n° 42.

avec horreur des impôts, de la dîme surtout qui les ruinait. Les coalisés étaient stupéfaits de la popularité des idées nouvelles. On était loin des promesses des émigrés.

Les ennemis trouvaient le Clermontois désert. Les réquisitions de Luckner à Châlons, de Dumouriez à Grandpré, de Ligniville à Montmédy, avaient vidé le pays ; et les administrateurs du district de Clermont, faits prisonniers, avaient écrit à l'assemblée pour exposer la misère de leurs villages (1).

Le 12 septembre, le temps s'améliora ; mais le soir un vent violent souffla, et un déluge de pluie tomba, de la pluie comme au temps de Noé, dit Carlyle.

Le 13, l'armée traversa Romagne et le quartier général s'établit à Landres (2). Gœthe, qui y était avec l'avant-garde dans la soirée du 12, fait un récit navrant de la situation. L'infanterie prussienne subit, de sept heures du soir à minuit, une épouvantable averse. Il faut déblayer la route pour le passage des voitures. Les bagages n'arrivent que la nuit. On essaie de dresser les tentes, dont les cordes sont pourries, et l'orage les emporte. On n'a pas de paille et on n'ose coucher sur la boue. Les hommes sont assis sur leur sac et leur giberne. Gœthe est tout heureux de coucher dans une voiture de régiment.

On allume des feux d'enfer : les soldats font bois de tout, chaises, bancs, tables, jusqu'à la chaire à prêcher et la charpente du clocher de l'église en démolition. L'armée est sans pain ; les fourgons partis de Verdun n'arrivent pas. Cette nuit fut terrible, passée devant l'ennemi, qui, d'un moment à l'autre, pouvait sortir du bois ; on apercevait au loin les feux des grand'gardes des Patriotes.

Le lendemain matin, ils étaient, dit Gœthe, sales comme des truies sortant de leur bauge ; ils ressemblaient à des phtisiques ; officiers et soldats étaient dévorés par la vermine ; leurs vêtements étaient souillés de boue, leurs souliers déchirés, reliés avec des ficelles ou de l'osier. Ajoutez à ce triste spectacle que les deux tiers de ces hommes avaient la dysenterie — la courée prussienne, comme disaient les paysans — pour avoir mangé des pommes de terre non mûres et des raisins verts (3). Leurs bivouacs étaient

(1) Arch. nat. F⁷ III, Meuse, 10, n° 39, 10 septembre 1792.
(2) Romagne-sous-Montfaucon, canton de Montfaucon-en-Argonne (Meuse).
(3) Sur ces mésaventures, lire les chansons patriotiques de l'époque, in P. Tarbé, *Romancero de Champagne*, T. V, 104, 106, 108.

entourés d'un flot de déjections. Ils appelèrent le camp de Landres *le camp de la Crotte* (« Drecklager »).

Les Princes, laissant leur cavalerie côtoyer la Meuse, suivaient avec le roi l'armée prussienne. Ils avaient pris, le 14, le chemin de Malancourt et de Montfaucon, et allaient à Landres, espérant s'y trouver à une grande bataille (1). Il faisait une effroyable tempête. Les Princes étaient légèrement vêtus. On voyait à leur physionomie qu'ils affrontaient à contre-cœur la bourrasque, qui leur soufflait au visage d'humides rafales. Transis, mouillés jusqu'aux os, ils avaient un aspect si lamentable, que les émigrés de l'entourage s'indignaient de la cruauté de Frédéric-Guillaume. Et les paysans qui les reconnurent se riaient de leurs misères : déjà le respect de la personnalité royale s'en allait chez les plus humbles.

Il y avait, à Landres, un château avec fossés et pont-levis et des jardins magnifiques. C'était une maison de campagne du baron Maillart de Landres, qui avait émigré (2). Une superbe avenue de peupliers y conduisait : les soldats les abattirent pour faire du feu. Déjà, dans l'effervescence populaire, le mobilier du château avait été pillé ou emporté ; les Prussiens enlevèrent ce qui restait et vendirent tout ce qu'ils purent. Aussi le roi et les princes durent coucher dans une chambre de paysan. La tradition rapporte que la première préoccupation du roi fut de faire *peser les eaux* : sans doute, à cette époque, l'analyse des eaux potables devait être peu compliquée. Ils séjournèrent à Landres les 15, 16 et 17 septembre.

Déjà le 14 septembre, sur l'ordre du roi de Prusse, on avait imposé au village une lourde réquisition : bœufs, moutons, porcs,

(1) Malancourt, canton de Varennes-en-Argonne (Meuse).

(2) De Maillart ; *d'azur, à l'écusson en abime d'argent, au lion naissant de même, lampassé de gueules.*
Famille très ancienne du pays de Liége, entre en France avec Henri de Maillart, qui prend part aux exploits de Duguesclin ; possède la seigneurie de Landres par le mariage de Gratien de Maillart avec Thiriette d'Isnard, dame de Landres. Au moment de l'émigration, le chevalier César-Hector de Maillart est baron de Landres, seigneur de Landreville, Sommerance, Beaufort-en-Argonne, Andevanne, Harbeuville, Sivry-sur-Bar... ; né au château d'Imécourt le 5 octobre 1741, enseigne au Régiment de Champagne, puis lieutenant, capitaine de dragons au Régiment Nicolaï, puis capitaine à la suite du Régiment de Lassans-dragons. Chevalier de l'ordre royal et militaire de Saint-Louis. Epouse, en 1772, demoiselle Marie-Jeanne Couturier de Fournoue, dont cinq enfants. Emigré en 1792 ; il se rend à Huy, à l'armée du duc de Bourbon ; il est ensuite appelé en juin à Coblentz, pour créer le corps de la maréchaussée. Mort à Reims le 7 août 1820. Comme tous les manoirs féodaux, le château de Landres fut démoli en 1794. La famille de Landres est représentée par M. de Meixmoron de Dombasle de Landres.
Cf. SÉNÉMAUD, *Rev. hist. des Ardennes*, t. VI, 1868.
Archives de Liége, Collection du héraut d'armes Lefort, 3e p., carton 28.
Archives de M. de Meixmoron, au château de Landreville.

beurre, légumes furent emportés ; les huches furent vidées, comme les greniers et les caves. L'administrateur du château de Landres reçut l'injonction de livrer à l'armée prussienne tout ce qui lui était nécessaire (1).

Les Princes, surveillant la marche de leur cavalerie, envoient le comte de Maleissye à Dun-sur-Meuse, pour en assurer les subsistances. Déjà leur intendant avait demandé au commissaire prussien, à Verdun, du pain et des fourrages pour 2,400 hommes. Ces provisions leur furent refusées, et le grand conseil du roi de Prusse écrivit de Landres à l'état-major des Princes qu'on ne lui devait rien (2).

L'armée prussienne s'établit sur les hauteurs de Sommerance, au sud de Landres ; au loin, sur la colline de Marcq, elle apercevait le front de bandière de l'armée française ; près d'elle, les chasseurs de Stengel allaient, de Saint-Juvin à Saint-Georges, harceler les hussards de Keelher.

Le même jour on entendit, sur la droite, le canon : c'était la bataille de La Croix-aux-Bois. Gœthe gravit la côte d'Imécourt avec le major de Weyrach et le prince Louis-Ferdinand ; ils faillirent se faire tuer par un chasseur de Stengel ; un peloton d'infanterie française était embusqué dans un petit bois, au-delà de la forge d'Alliépont, et tirait sur eux.

Le roi, étant en face de Dumouriez, résolut de sonder les projets du général. Les émigrés lui avaient fait un si triste tableau des officiers et surtout des soldats patriotes, qu'il voulut s'en rendre compte. Il envoya Massembach, qui, par Sommerance et le gué de Fléville, se rendit au quartier général de Duval (3).

Dumouriez était absent. L'envoyé du roi fut stupéfait de trouver si polis et si joyeux ces soldats que les émigrés traitaient de grossiers soudards. Il fut plus étonné encore de voir en

<hr/>

(1) 14 sept. 1792. Il est fait injonction par la députation du grand conseil de guerre prussien, datée du quartier général de Landres, à l'administrateur de M. le baron de Landres, de livrer pour l'armée prussienne tout ce qui sera nécessaire en froment, blé, avoine, foin, bois, etc., sous peine d'exécution militaire. Signé : Rœltzig, de Chimeneau.
14 sept. 1792. Reçu de la maison seigneuriale de Landres, livrés pour l'armée prussienne, deux chevaux bons et forts avec tout l'attelage dont S. M. le roy de France s'engage à payer la valeur lorsque sa personne sacrée sera libérée et l'ordre rétabli dans ses états, en foi de quoy je donne la garantie spéciale de S. M. Prussienne la présente qui pourra être réalisée et échangée contre la valeur desd.tes données en temps et lieu. Fait au quartier général de Landres. Signé : Charles-Guillaume Ferdinand duc de Brunswick, de Chimeneau. Chartrier de la Maison de Maillart (Arch. de M. de Meixmoron).
Les pertes du village furent évaluées à 71,500 livres.
(2) Arch. nat., F⁷ 6255, 13 sept. 1792.
(3) Sommerance, Saint-Juvin, Fléville, canton de Grandpré. Imécourt (et Alliépont), canton de Buzancy (Ardennes).

Duval un général de taille imposante, de façon aimable et d'un air martial. Duval lui dit, sur un ton très digne, que les coalisés avaient été trompés par les émigrés et avaient imprudemment engagé la campagne ; qu'ils n'arriveraient jamais à Paris et que les émigrés, qui avaient passé leur vie en débauches à la cour, ne connaissaient pas l'armée et n'auraient pas dû abandonner le roi au jour du danger. L'entretien ne se termina qu'à dix heures du soir.

Frédéric-Guillaume, impatient, était allé causer de la situation avec Hohenlohe et rentra fort tard à Landres. Massembach vint le trouver le 15, avant l'aube. Le roi s'habillait. Le général lui fit part de ses impressions ; il pensait que Dumouriez allait battre en retraite, ce qui mit le roi dans une violente colère.

Dumouriez, en apprenant la défaite de La Croix-aux-Bois, s'était échappé dans la nuit du 14 au 15.

Le roi courut, le 15, sur la route de Grandpré et constata que toute l'armée française s'était retirée. Il revint à Landres et signa une nouvelle réquisition, qui obligeait les habitants de la Meuse à livrer 24,000 sacs d'avoine à Verdun, sous peine d'exécution militaire (1). Déjà, le 4 septembre, son grand conseil avait donné l'ordre d'amener pour le 12, à Verdun, 11,200 sacs d'avoine et 11,200 sacs de farine, mais il n'avait pas été possible d'obéir à cette injonction (2).

Le duc de Brunswick prit immédiatement les mesures pour poursuivre Dumouriez. Hohenlohe, avec l'avant-garde, quitta Sommerance et rencontra à Saint-Juvin un détachement de l'arrière-garde des Patriotes qu'il rejeta sur Senuc ; 80 fantassins furent faits prisonniers et ramenés à Landres. Le prince royal s'efforça de les entraîner à déserter : seul un Alsacien voulut bien servir contre la France. Hohenlohe, en arrivant à Senuc, aperçut Chazot, venant de Vouziers, sur la rive gauche de l'Aisne. C'est dans cette journée (15 septembre) que l'armée de Chazot, prise de panique à Montcheutin, s'enfuit devant 1,500 hussards prussiens.

Mais l'armée du roi dut attendre des vivres de Verdun et ne quitta Landres que le 18, pour prendre la direction de Valmy. Ce retard fut une nouvelle faute. Si Brunswick avait attaqué

(1) Archives départementales de la Meuse, L 69.
(2) Archives nationales, Fɪᵉ III, Meuse, 10. .

Dumouriez après la panique de Montcheutin, avant que le général français ait reçu les renforts de Beurnonville et de Kellermann, l'armée française était perdue.

Le 17, les Princes français rejoignent leur cavalerie à Buzancy.

———

SOURCES

Archives municipales de Landres.

Paul Ménat, *Documents relatifs aux campagnes en France et sur le Rhin (1792-1793), tirés des papiers militaires de S. M. le feu roi de Prusse Frédéric-Guillaume III*, Paris, 1848, p. 33.

Goethe, *Campagne de France* (Trad. Porchat), Paris 1891, p. 42.

Carlyle, *The French Revolution*, 433.

VIII

DE VERDUN A BUZANCY

Nous avons laissé l'armée des Princes sous les murs de Verdun le 14 septembre.

Le temps s'est amélioré le 15. On reçoit l'ordre de partir pour Dun-sur-Meuse. A midi, la cavalerie quitte Belleville et les villages voisins et est réunie sur la chaussée.

L'avant-garde est partie de Béthelainville et va à Consenvoye et, de là, à Buzancy.

Le quartier général s'établira à Dun ; la brigade de Caraman restera à Liny-devant-Dun (1).

Cette région est dépouillée de tout par les passages de régiments amis ou ennemis. Nous avons vu que Galbaud y était le 30 août, comptant entrer dans Verdun ; mais il aperçut à Dun une troupe nombreuse de cavalerie ennemie et prit le chemin de Romagne-sous-Montfaucon et Varennes, pour aller occuper les Islettes.

Le 9 septembre, le commandant autrichien Brady avait réquisitionné à Dun et aux environs, pour le camp de Romagne, 580 sacs de blé, 25,000 bottes de foin, 25 bœufs, 50 moutons, 3,000 livres de lard ; Clerfayt avait exigé la remise des fusils et de toutes les armes. Lefebvre, procureur de Dun, était allé au-devant du prince de Ligne pour se mettre à sa disposition et exécuter ses ordres.

M. de Maleyssie, envoyé de Landres à Dun par le comte de Provence pour assurer les subsistances de la cavalerie noble, eut une peine infinie à trouver le nécessaire pour 6,000 chevaux, d'autant plus qu'il n'avait qu'un ordre écrit, donné par les Princes. Aussi fut-il quelque peu stupéfait lorsqu'un des officiers de hussards, arrivés à 3 heures, lui demanda pourquoi un étranger osait se mêler de ce qui ne le regardait pas ! Il répondit en exhi-

(1) Consenvoye, canton de Montfaucon. — Liny, canton de Dun (Meuse).

bant l'ordre des Princes et en faisant observer que ce n'était pas en arrivant trois heures avant l'armée qu'on pouvait pourvoir à tout. Les officiers ne connaissaient nullement le pays et, en quittant Bethelainville, ils s'étaient dirigés sur Sivry-le-Perche au lieu de venir à Sivry-sur-Meuse.

Dun était une petite ville, ouverte de tous côtés, sans murs et sans artillerie, incapable d'aucune résistance. Sous la poussée des idées qui venaient d'éclore, il y avait un foyer permanent de discorde, qu'allait rendre plus turbulent encore l'approche des émigrés. Les jacobins, très surexcités, voulaient détruire le pont sur la Meuse, pour s'opposer au passage de l'armée des Princes. Ils accusaient les partisans de l'ancien régime de ruiner les habitants par de lourdes impositions, dont on ignorait même l'emploi, de faire des dénonciations et des arrestations arbitraires. Les royalistes, écartant les gendarmes nationaux, appelèrent à Dun les dragons de Clerfayt, campés à Baâlon, pour tenir en respect le club des Patriotes ; alors, se sentant protégés par les dragons autrichiens, ils se livrèrent à de perpétuelles représailles. Les Jacobins les plus violents furent enchaînés et conduits à Verdun, à l'autorité prussienne ; les plus compromis abandonnèrent leurs foyers. On menaça les factieux ou les espions de les faire pendre. On rétablit les chemins. On invita les villages voisins à fournir des vivres et des fourrages aux coalisés.

L'armée des Princes est à Dun le 15 septembre. L'escadron des officiers de la marine prend ses quartiers à Villers-devant-Dun.

A l'arrivée des régiments nobles, les royalistes de Dun se livrent à une manifestation enthousiaste. Le maire Aublin, et Lefebvre, procureur de la Commune, portent la cocarde blanche. Les femmes crient : « Vive le Roi ! Vivent les gardes d'Artois ! Au diable la Nation ! » Une femme Jacquet est surtout très exaltée et agite, sur le passage des soldats, des serviettes blanches qui simulent le drapeau blanc. Les habitants arborent la cocarde blanche ; les officiers sont accueillis à bras ouverts ; on leur offre des volailles, des vins fins, du tabac ; on les traite magnifiquement. On enlève du clocher le drapeau tricolore, qui portait la devise : « La liberté ou la mort ! » et on y substitue le drapeau du prince de Condé. On brûle les écharpes et les drapeaux tricolores ; on exige la remise de toutes les armes (1). Les malheureux habi-

---

(1) Pièces justificatives, I.

tants de Dun devaient chèrement payer leurs manifestations royalistes (1).

Dans les environs, tous les villages sont réquisitionnés. Les émigrés, conduits par des guides de Dun, les menacent de pillage et d'exécution militaire. Dun fournit des farines, du pain, des comestibles. Les hussards mettent en coupe réglée les villages de Sassey, Mont, Montigny, Saulmory, Villefranche, Wiseppe et Halles, et ramènent 4,000 livres de pain, 100 chevaux, 100 sacs d'avoine et des voitures. On enlève les vaches et la volaille dans les fermes de La Bruyère et Proiville. Brieulles-sur-Meuse fournit 500 rations d'avoine, 500 livres de pain et 5,000 livres de foin. On impose également les villages de Brandeville, Brehévile, Lissey, Ecurey et Fontaines. Toute la région est au pillage, et on dut demander des secours aux administrateurs du district de Montmédy (2).

Dans toute la petite ville de Dun, c'est un encombrement dont on ne peut se faire idée. Les rues et le pont sont obstrués par les bagages considérables des Princes ou de l'Etat-Major. La circulation y est impossible.

On y séjourne le 16, et le maréchal de Castries donne des ordres pour partir le lendemain 17. On doit prendre la route de Buzancy et Vouziers ; l'escadron de la marine ira loger à Toges (3).

On laisse à Dun 80 gendarmes pour lever les contributions et faciliter les ravitaillements. Il y passait journellement des correspondances et des caisses. Ils y restèrent jusqu'au retour des émigrés (6 octobre) et se livrèrent à toutes les exactions.

En arrivant à Liny, la brigade de Caraman avait appris l'affaire de La Croix (14 septembre). Les habitants de Liny étaient de zélés patriotes. Le maire avait des sentiments républicains, mais il dut se prêter de bonne grâce à toutes les exigences des émigrés. Hommes et chevaux furent bien logés. Le maire, cependant, tint des propos peu royalistes et fut frappé par d'Espinchal.

(1) Dénoncés pour leurs sentiments royalistes, 35 habitants furent conduits à Paris. Aublin et la femme Jacquet montèrent à l'échafaud le 9 vendémiaire an III. Les autres furent acquittés. Cf. WALLON, *Tribunal révolutionnaire*, V, 308, et VI, 173. Arch. nat., W 458, n° 176 (procès des royalistes).

(2) Arch. nat., O³ 2598 et 2599, réquisitions. Sivry-le-Perche, canton de Verdun. Sivry-sur-Meuse, canton de Montfaucon. Villers, Sassey, Mont, Montigny, Saulmory et Villefranche, Brieulles-sur-Meuse, Fontaines, canton de Dun. Wiseppe et Halles, canton de Stenay. Bréheville, Brandeville, Lissey et Ecurey, canton de Damvillers (Meuse).

(3) Pièces justificatives, II. Toges, canton de Vouziers (Ardennes).

Le lendemain à midi, la brigade reçut l'ordre de se diriger sur Buzancy. On mangea rapidement la soupe, et on partit à deux heures. On traversa Dun avec de grandes difficultés. On était à la nuit à Nouart, où il fut très pénible de se loger (16 septembre).

Le 17, le détachement chargé des logements quitte Nouart à six heures du matin ; tous les régiments marchent vers Buzancy. Ils avaient l'ordre d'aller à Vouziers, où devait être le quartier général des Princes. Mais ils allaient être arrêtés en chemin par les *impedimenta* de l'armée autrichienne.

Ils traversent Buzancy et admirent le château d'Augeard, secrétaire des commandements de la Reine. Déjà le village a été pillé par les Autrichiens de Clerfayt (1).

Les Princes ont quitté le roi de Prusse à Landres et viennent s'installer à Buzancy.

L'état-major envoie préparer les logements de la cavalerie dans les villages voisins, dont tous les habitants sont patriotes. Le détachement de Caraman faillit se faire enlever. On voit partout le regard haineux du paysan ; il n'arbore plus le drapeau blanc : le royalisme se meurt (2).

Il ne fut pas possible, ce jour-là, d'aller plus loin sur le chemin de La Croix. Les routes étaient encombrées par les batteries autrichiennes immobilisées. Leurs soldats enlevaient les abatis des Patriotes. Les Princes durent s'arrêter deux jours à Buzancy (17 et 18 septembre), et leur armée séjourna dans les environs.

L'avant-garde rencontra les Autrichiens, qui étaient très enthousiastes de leur victoire de La Croix. Après quelques heures d'arrêt sur la grande route, obstruée d'abatis, elle dut se replier sur Authe (3).

Les hussards autrichiens avaient pillé ce village et fort malmené les habitants. Il paraît que les gens d'Authe avaient appelé à eux un groupe de Patriotes pour massacrer deux Autrichiens. Les officiers de Clerfayt y avaient répondu par de violents sévices.

Aussi tous les habitants avaient-ils pris la fuite et s'étaient réfugiés dans les bois. Le maire était resté seul avec quelques femmes et des enfants. Les émigrés purent se procurer des volailles ; mais ils ne trouvèrent rien pour les accommoder. Ils

(1) Les dégâts furent évalués à 124,033 livres (Archives départ. des Ardennes, L 456).
(2) Louis XVIII, Mémoires cités.
(3) Authe, canton du Chesne.

parlementèrent avec le maire, l'assurant qu'ils ne voulaient tuer personne, qu'ils paieraient les vivres dont ils avaient besoin. Les habitants revinrent dans leurs foyers et mirent à leur disposition tout ce qu'ils avaient caché (1).

L'armée a fait halte tout le jour dans la plaine au-delà de Buzancy, à un quart de lieue du bourg. Elle attend des ordres. Enfin, à six heures du soir, on va coucher à Briquenay, où avait eu lieu l'affaire du 12, dans laquelle le corps prussien de Kalkreuth, ainsi que nous l'avons raconté, avait dû reculer devant Miranda, de l'avant-garde de Dumouriez.

Le village avait été totalement pillé par les Prussiens. Ils avaient tout brisé, tout emporté, blé, farine, tout, jusqu'à la plume des lits ; il n'y avait plus ni portes ni fenêtres aux maisons. Les infortunés habitants ne possédaient plus que ce qu'ils portaient sur eux. Ils étaient au désespoir et regardaient les émigrés avec horreur. Il ne restait plus que les femmes et les enfants. Telle maison n'était habitée que par un enfant : les parents avaient fui dans les bois. On les avait d'autant plus brutalisés qu'on les accusait d'avoir contribué à l'arrestation de Louis XVI à Varennes. Le spectacle de ce village en ruines et la douleur des paysans inspiraient à tous une profonde pitié.

Le soir, les jeunes filles et les femmes rentrent en tremblant à la maison, les hommes sont de retour le lendemain. Les gentilshommes cherchent à les rassurer et, émus de leurs misères, les secourent même dans la mesure de leurs moyens ; ils les assurent de leurs sympathies et leur rappellent les bienfaits de la monarchie et les bontés du Roi.

Le 18, on séjourne dans Buzancy et dans les villages circonvoisins. Malgré les réquisitions des Prussiens et des Autrichiens, on trouve encore des fourrages. Les granges sont pleines, mais les grains ne sont pas battus ; on prend l'avoine en gerbes, ce qui entraîne encore du gaspillage. On peut même se procurer des vivres, qu'on paye avec des bons au nom du Roi. Les émigrés, quand ils le peuvent, payent en argent plutôt qu'en assignats, ce qui achève de vider leur bourse.

Au quartier général de Buzancy, on reçoit de nombreuses lettres, restées en retard ; il y avait longtemps qu'on était sans nouvelles.

(1) Pertes du village d'Authe : 54,542 livres (Arch. départ. L 456). — Cf. Comte DE CONTADES, *Souvenirs*, in-8°, Paris, 1888, p. 60.

On apprend avec tristesse les massacres de Paris et de la province. La Révolution, brisant tout, allait à pas de géant.

Et, cependant, ils gardaient encore leurs illusions et avaient toujours une aveugle confiance dans le succès final. Dans leurs rares instants de loisir, oubliant les misères du présent, ils retrouvaient leur verve d'antan et même ils enfourchaient Pégase, pour écrire des manifestes en vers (1).

---

(1) Pièces justificatives, III.
Journal d'un Officier de l'armée des Princes, in *Revue rétrospective*, de P. COTTIN, t. IV, 1886.
D'ESPINCHAL, ms. cité.
Archives municipales de Dun-sur-Meuse.
Evaluation des pertes des villages : Autruche, 50.446 livres ; Briquenay, 96,445 ; Bar, 51,004 ; Germont, 79,069 ; Verpel, 96,847 ; Nouart, 78,581 ; Harricourt, 65,576 ; Barricourt, 41,644 ; Andevanne, 30,180. — Archives départementales, L, 456.

IX

VERS VALMY

L'avant-garde de l'armée des Princes traverse La Croix-aux-Bois ; de Villeneuve-Laroche-Barnaud raconte qu'il y est venu le 15 septembre, au lendemain de la bataille, et a rencontré le convoi du prince de Ligne. Elle est le 18 à Vouziers, où elle apprend, par une lettre de Nassau-Singen, l'imminence d'une bataille. Après avoir fait quelques réquisitions, elle prend rapidement son chemin vers le sud, passant à droite de Clerfayt, qui s'est arrêté à Semide, tandis que Kalkreuth a établi son camp sur les hauteurs de Liry et Marvaux.

Le gros de l'armée des Emigrés quitte Briquenay le 19 septembre. On les a également prévenus, la veille, qu'une action décisive allait s'engager. Ils passent à La Croix et traversent les abatis d'arbres et les tranchées où se mesurèrent les Patriotes et les Autrichiens. Près du village, on aperçoit les débris du camp français. Des cadavres gisent encore sur le sol.

Les régiments sont guidés par le gendarme Huet, de Buzancy, qui porte la cocarde blanche et la ceinture blanche (1).

Avant d'entrer à Vouziers, l'armée fait halte, pendant quelques heures, dans la prairie à droite de la route. A onze heures, on traverse la ville et on campe dans la plaine, sur la route de Rethel, où arrivent tous les corps. Les équipages restent en arrière. Les Princes vont loger au château de Condé.

La petite ville venait de subir le passage et les réquisitions des Autrichiens, qui déjà avaient fait main basse sur les vivres et les fourrages.

Le directoire du district, fuyant devant eux, avait transporté

(1) Ancien commis aux aides, régisseur d'Augeard de Buzancy. Condamné à mort à Paris et guillotiné le 19 novembre 1793. — Arch. Nat., A F11, 87,643, et W 1 b, 379.

sa résidence à Pauvres, et les Autrichiens avaient brûlé les papiers non emportés, près de l'hôtel du district, dans le clos du sieur Meugy (1).

On hisse le drapeau blanc sur l'église et la maison commune. Les habitants sont contraints de porter la cocarde blanche ; un vieillard du nom de Guidet, ancien porte-drapeau de la garde nationale, fut accusé d'avoir trop ostensiblement montré cet emblème royaliste et fut plus tard condamné à mort (2).

Les officiers émigrés sont très exigeants et font également de nombreuses réquisitions. Ils passent la journée dans l'inquiétude. Les généraux attendent impatiemment des ordres de Brunswick. On est sans nouvelles jusqu'au soir.

Enfin, à la nuit, on part en colonne serrée, dans un ordre parfait. On marche en silence. La nuit est horriblement sombre. La boue crayeuse colle aux pieds, la marche est fort pénible. On ne sait où se diriger. Un instant, on perd de vue le guide qui va en avant, et l'on s'égare dans la plaine déserte.

Déjà Clerfayt avait quitté Semide et était venu camper à Manre, où il s'attarda, tandis que Kalkreuth, parti de Liry et Marvaux, avait rapidement pris le chemin de Suippes, par Ripont et Tahure (3).

Enfin, à minuit, l'armée royaliste atteint la vallée de la Py. La plupart des régiments se placent en bataille à Sainte-Marie-à-Py ; quelques-uns sont à Sommepy, les autres à Saint-Souplet, sur la route de Reims.

A Saint-Souplet, le seigneur fait assembler ses vassaux et les oblige à crier : « Vive le roi ! » (4)

Leur avant-garde avait séjourné quelques heures à Saint-Souplet et s'était dirigée sur Somme-Suippe.

Le corps de bataille passe la nuit dans ces villages. Les Princes demeurent à Sainte-Marie-à-Py, au milieu de l'armée ; le duc

(1) Pauvres, canton de Machault (Ardennes).
(2) Il fut exécuté le 6 prairial.
Arch. nat., W 1 b, 871, dos. 97.
Vincent, *Histoire de la Ville de Vouziers*, Reims, 1902, pp. 139 et 152.
(3) Manre, canton de Monthois (Ardennes).
Suippes, chef-lieu de canton (Marne).
Ripont et Tahure, canton de Ville-sur-Tourbe (Marne).
(4) *Le Courrier des 83 départements*, T. 1, p. 35.
Sainte-Marie-à-Py et Sommepy, canton de Ville-sur-Tourbe (Marne).
Saint-Souplet et Pont-Faverger, canton de Beine (Marne).

d'Angoulème et le duc de Berry seuls sont allés coucher au village.
Il fait un froid très vif, la pluie tombe sans cesse. On allume des
feux de tous côtés. Leur situation est des plus tristes.

Bien que les équipages arrivent au point du jour, il n'y a ni
vivres pour les hommes, ni fourrages pour les chevaux. Et, cependant, l'espérance de se mesurer avec les Patriotes leur donne du
courage. Ils comptent bientôt montrer aux alliés ce que peuvent
6,000 gentilshommes armés seulement de sabres et de pistolets.

Le jeudi 20, à six heures du matin, tous les régiments sont
prêts, et on se met en marche par un temps affreux. On gagne la
vallée de la Suippe. Ils ignorent totalement ce qui se passe à
l'armée prussienne et ne savent quelle direction prendre.

Or, à la même heure exactement, les belligérants arrivaient en
face l'un de l'autre ; Kellermann était au moulin de Valmy, avec
son artillerie, à cinq heures, et l'armée de Frédéric-Guillaume
prenait, à six heures, ses positions de combat à la ferme des
Maigneux, où elle était battue par l'artillerie de Desprez-Crassier
et de Valence (1). Et Valmy est environ à huit lieues de Saint-
Souplet. Il était donc difficile à l'armée des Princes, par un temps
diluvien et des chemins défoncés, d'aller prendre part à l'action.

Après avoir fait quatre lieues sous l'averse, ils arrivent à
Saint-Hilaire-le-Grand, sur les bords de la Suippe (2). Le village
est trop petit pour loger tous les escadrons. Il y a vingt ou trente
hommes dans chaque maison. Le Royal-Allemand, qui a toutes ses
tentes, campe en dehors du village et les autres régiments sont
dans les environs. Les habitants sont des Patriotes et ont fait
disparaître vivres et fourrages. On a une peine infinie à se
procurer à manger à poids d'or. On arrive cependant à avoir le
nécessaire. Fort heureusement tout le monde est à couvert, et on
espère avoir la nuit un repos bien gagné.

Le maréchal de Castries a pris les devants et est à Suippes dans
la matinée. Il donne à Aubert, maire du village, l'ordre de faire
tous les préparatifs nécessaires pour recevoir les Princes à midi.
Leur armée devait arriver quelques heures plus tard.

Le village avait été vidé la veille par le passage de la cavalerie
prussienne. L'avant-garde de Kalkreuth, annonçant son arrivée

(1) Valmy, canton de Sainte-Menehould (Marne).
Les Maigneux, ferme à 2 kilomètres du moulin de Valmy.
(2) Saint-Hilaire-le-Grand, canton de Suippes.

par une vive fusillade, avait traversé le bourg le soir et avait pris possession de Suippes au nom de Sa Majesté Chrétienne ; elle avait imposé une forte contribution et ordonné de conduire à Somme-Suippe, à dix heures du soir, des vivres en abondance.

Le matin (jeudi 20), vers neuf heures, les habitants avaient aperçu, à un demi-quart de lieue, les Autrichiens de Clerfayt qui, venus tardivement de Manre par Perthes, se dirigeaient vers La Croix, où la Municipalité dut encore envoyer des fourrages et des vivres (1).

A Suippes, un commissaire des Princes fit arborer le drapeau blanc ; les mousquetaires vinrent sommer le maire de leur remettre toutes les lois décrétées par l'Assemblée Nationale et tous les papiers déposés à la mairie ; il fut également contraint de leur apporter les armes, drapeaux et munitions de la garde nationale (2).

Les Princes furent logés dans la maison de l'Abbaye. Leur avant-garde était à une demi-lieue en avant, avec Jaucourt, dans le village de Somme-Suippe, où ils allèrent coucher.

Cependant, le temps s'éveillait, la pluie pénétrante du matin faisait place vers midi à un soleil radieux. Déjà vers dix heures on entendait au loin le canon : c'était l'artillerie de Kellermann. Les détonations étaient d'abord assourdies et comme ouatées par le brouillard. Les émigrés s'émurent en entendant cette lointaine canonnade, qui révélait une grande bataille ; mais ils étaient trop loin pour y prendre part (3). Ils étaient exaspérés de rester dans l'inaction, quand à côté d'eux se jouait peut-être le sort de la noblesse, du roi et de la France. Et ces détonations devenaient si précipitées et si violentes qu'ils se demandaient avec angoisse si c'était l'appel désespéré des Alliés ou le défi outrageant des

(1) Perthes-les-Hurlus, canton de Ville-sur-Tourbe.
La Croix-en-Champagne, canton de Sainte-Menehould.
Clerfayt était le 19 à Manre et devait se porter de suite à Somme-Suippe. Une patrouille lui conta qu'on voyait à Somme-Suippe un camp de 40,000 Français. Il envoya en reconnaissance le colonel Schmidt, son quartier-maître général ; celui-ci assura, à son retour, qu'il n'y avait pas un Français à Somme-Suippe. Il allait partir, quand les gens de Manre vinrent lui affirmer que les Patriotes approchaient. Il envoya de nouveau un officier de hussards à la découverte. De minuit à trois heures du matin, tous ses hommes demeurèrent l'arme au pied, sous une pluie battante. Enfin, à l'arrivée de son envoyé, il gagna rapidement son poste et laissa ses bagages à Manre. Il traversa Perthes et Hurlus, passa près de Suippes vers neuf heures et s'arrêta à Somme-Suippe dans la matinée. Il y reçut l'ordre de couvrir le flanc des Prussiens.

(2) Ministère de la Guerre, Archives historiques, Armée du Centre, deuxième quinzaine de septembre 1792.
Procès-verbal de la Municipalité de Suippes.
Aug. Denis, *Recherches historiques sur la petite ville de Suippes*, Châlons, 1874.

(3) Saint-Hilaire est à 25 kilomètres du champ de bataille.

Patriotes... — Etait-ce une fanfare de victoire ou le glas de la monarchie ?

Ainsi donc, le soir de la bataille de Valmy, les Emigrés étaient toujours immobilisés à Saint-Hilaire-le-Grand et à Suippes, attendant les ordres du duc de Brunswick. Ils auraient dû, dès la première heure de cette journée, se porter à marches forcées sur Somme-Tourbe et prendre la droite de Clerfayt qui, à la même heure, avait le devoir de se rendre de Maure à Somme-Bionne, où il arriva également trop tard (1). Sans doute, le duc de Brunswick pensait qu'en entendant le canon, Emigrés et Autrichiens avaient opéré ce mouvement de jonction. Ce retard incompréhensible, cette inaction voulue constituèrent une faute très grave.

Ils coopérèrent ainsi, sans s'en douter, à la défaite du parti royaliste et des coalisés. S'ils avaient été devant Valmy, ils auraient, en se portant sur Somme-Bionne, uni la gauche de l'armée prussienne à la droite de Clerfayt et fermé le demi-cercle qui enveloppait Kellermann. Faute de ce secours, Clerfayt ne pouvait se trouver en mesure d'attaquer la droite de l'armée républicaine (2).

Ce fut l'unique occasion qui leur ait été offerte de montrer leur vaillance et leur dévouement à la cause de la monarchie : ils la laissèrent passer.

Tandis qu'ils se livraient à ces amères réflexions et se demandaient de quel côté allait tourner la fortune, Kellermann remportait la victoire de Valmy.

Lorsque la canonnade cessa son effroyable vacarme, comme si les éléments déchaînés eussent voulu faire écho aux tempêtes de la bataille, un orage terrible éclata, et une pluie torrentielle inonda les camps. L'armée prussienne coucha sur ses positions, n'ayant rien à manger. Les chefs étaient tristes, les soldats profondément découragés. Le roi Frédéric-Guillaume se réfugia avec son entourage dans l'auberge de la Lune, affreuse masure criblée de boulets ; il occupa la chambre principale, et on eut grand'peine à lui offrir une omelette, que confectionna un prince allemand, caché

---

(1) Somme-Tourbe et Somme-Bionne, canton de Sainte-Menehould.
Clerfayt errait depuis le matin dans des chemins affreux, à deux lieues de Valmy. Il était à quatre heures à La Croix et n'arriva aux Maigneux que pour entendre les derniers coups de canon.

(2) GRIMOARD, *Tableau historique de la guerre de la Révolution de France.* — Paris 1808, T. II, 79.
Jusqu'ici, aucun historien n'a déterminé la position de l'armée des Emigrés pendant la bataille de Valmy. Elle est établie d'une façon précise par le *Manuscrit* de D'ESPINCHAL, et le procès-verbal de la Municipalité de Suippes, aux Archives historiques du Ministère de la Guerre.

là pendant la bataille (1). Dans la deuxième chambre entrèrent les Princes et les aides de camp ; dans la troisième furent entassés, pêle-mêle, sans soins, des officiers blessés qui, de leurs gémissements, troublaient le silence de cette nuit lugubre. Dans une pièce près du roi, Brunswick s'installa sur une chaise, au coin du feu, en bonnet de nuit ; autour de lui, veillaient Caraman, Nassau, quelques officiers émigrés, sombres, abattus, interrogeant la pensée du vieux général ; un silence glacial pesait sur eux.

Brunswick laissa comprendre que la partie était perdue, et Caraman se prit à désespérer. Près de la masure, un groupe d'officiers prussiens faisait cercle autour de Gœthe, venu en France pour célébrer les victoires allemandes en vers dithyrambiques ; comme dans ses écrits, le grand poète mit toujours son âme à nu, on lui demanda ce qu'il pensait de cet événement ; il répondit : « De ce lieu et de ce jour date une nouvelle époque dans l'histoire du monde, et vous pouvez dire : j'y étais. » Ce fut lui qui, le premier, définit la haute portée historique de la bataille de Valmy.

*_**

Valmy n'est pas une grande bataille au sens militaire du mot. Toutes les opérations, dit Jomini, y sont marquées au coin de la médiocrité ; on ne trouve, dans les deux camps, aucun concept de génie. Mais, au point de vue sociologique, les conséquences en furent incalculables. Et ce n'est que plus tard que l'on comprit que cette bataille avait écrasé la fierté des ennemis et arrêté leur marche sur Paris ; c'était la fin de la royauté et du prestige des Emigrés. Puis ce fut le baptême du feu d'une nouvelle génération de soldats à qui de hautes destinées étaient réservées. Moralement cette victoire enhardit et fortifia les cœurs.

« Le coq gaulois, disait Wolfradt, se dressait sur ses ergots » ; et Albert Sorel a pu ajouter : « Cette petite escarmouche fut une des plus grandes journées de l'histoire. »

Valmy, c'est l'aurore des temps nouveaux !

*_**

Au camp des Emigrés, on n'avait aucune notion de la gravité des événements, et des résultats de la journée du 20. Ils gardaient

---

(1) L'auberge de la Lune était sur la route de Sainte-Menehould à Châlons, près de la ferme des Maigneux, à deux kilomètres au sud de la colline de Valmy. Elle n'existe plus.

toutes leurs illusions ; aveuglés par leurs présomptions, ils escomptaient encore une victoire prochaine et se préparaient à attaquer le 21.

Aussi, à une heure du matin, l'alerte est donnée au Grand-Saint-Hilaire. Ordre de monter à cheval à trois heures. On va se battre à la pointe du jour (Gal Tercier).

La nuit est d'une obscurité profonde. Dans le village, il y a confusion des logements, les rues sont obstruées, la boue épaisse colle aux chaussures et rend la marche impossible ; les chemins sont gorgés d'eau. Partout ce sont des bagarres et des accidents : les chevaux tombent à chaque pas dans la rivière grossie, dans les fondrières ; un cheval est tué par un coup de pistolet ; le feu prend à une maison où sont logés les gardes du roi, et on arrête difficilement l'incendie.

Cependant, chacun est à son poste, et on marche péniblement pendant des heures dans la vallée sans fin, pour rejoindre l'avant-garde à Somme-Suippe. Les bagages restent dans les villages sous la garde d'une forte escorte.

Les détachements de Suippes vont en avant. Les princes viennent déjeuner chez le marquis de Jaucourt, dont l'avant-garde a couché sur la paille à Somme-Suippe.

Tandis qu'ils font leurs préparatifs, voilà que de nouveau le canon tonne. C'est Kellermann qui reprend l'offensive.

L'armée prussienne s'apprête de bonne heure à continuer la lutte ; rangée sur quatre colonnes, soutenue par la cavalerie, elle s'ébranle vers cinq heures du matin. Mais elle va s'arrêter en voyant Kellermann au-delà de la rivière d'Auve ; déjà, en effet, entre six et sept heures, l'armée française manœuvre entre Dampierre et Voillemont, au-delà les hauteurs de Gizaucourt, qu'elle s'était hâtée d'occuper la veille à neuf heures du soir. Elle menace leur flanc droit, qu'elle commence à canonner, et couvre la route de Vitry. Alors les Prussiens se replient sur le camp de la Lune et élèvent rapidement une redoute en avant de l'auberge (1).

A huit heures, les émigrés, qui ignorent cette manœuvre, sont à cheval, et tous les corps arrivent à la place assignée, dans la plaine en arrière de La Croix : infanterie, cavalerie, artillerie.

Leur armée se forme en deux colonnes. Les princes sont à leur

(1) Auve et Dampierre-le-Château, canton de Dommartin.
Gizaucourt et Voillemont, canton de Sainte-Menehould.

tête, avec le maréchal de Castries. De Jaucourt commande l'avant-garde et a sous ses ordres 1,200 cavaliers. Le duc de Coigny est en avant de la colonne de droite ; le marquis d'Autichamp dirige celle de gauche (1).

Le brouillard du matin est épais et masque leurs mouvements. Mais bientôt le soleil, conspuant les nuées, vient illuminer la plaine et inonder de lumière leurs magnifiques régiments. Voici, en avant, les dragons verts la crinière roulée sur le cimier, les hussards au dolman bleu, coiffés du shako, et les chasseurs en manteau vert, avec le casque à lourde chenille. A droite brillent les riches uniformes rouge et or des suisses et de la maison du roi, les chevaliers de la couronne, habillés de bleu, avec le casque à longue crinière, et les grenadiers coiffés de l'ourson. Voici à gauche les superbes gardes du corps en habits bleus galonnés d'or, les compagnies rouges, les gendarmes en frac bleu avec le tricorne. Puis, en arrière, on distingue l'uniforme bleu et le bonnet à poil du Royal-Allemand, les coalitions aux couleurs mêlées, les artilleurs en bleu foncé, à retroussis rouges, le pompon écarlate au shako, et enfin, sur les derrières, les sombres uniformes des marins (2).

C'est, en vérité, un spectacle imposant que ces 40 superbes escadrons, montés comme jamais aucune cavalerie ne l'a été, avec 5,000 hommes composés de l'élite de la noblesse ; il y a là tous les grands seigneurs du royaume avec, à leur tête, quatre fils ou petit-fils de France (d'Espinchal).

Ils avancent lentement dans la vaste plaine, avec un ordre admirable et une tenue parfaite. Les manteaux sont pliés. Le panache blanc ondule sur toutes les têtes, la cocarde blanche est à toutes les coiffes, les perruques sont poudrées. Tous portent la croix de Saint-Louis. Ils arborent la feuille de chêne, symbole de guerre des Autrichiens. Les écharpes blanches mettent leur note claire sur la diversité des uniformes.

Ils se regardent sans mot dire et leur physionomie reflète la gravité de leurs pensées. Un silence ému, solennel, pèse sur leurs rangs. Ils vont, poussés par une force irrésistible, par l'ardente religion du passé, par la haine des institutions nouvelles. On va

---

(1) Pièces justificatives, IV.

(2) Cf. VERNET ET LAMI, *Collection des uniformes de l'armée, 1791-1814.* — Paris, 1822, gr. in-8°.
TITEUX, *Historiques et uniformes des régiments de cavalerie,* in-folio.

donc enfin tirer l'épée, pour châtier ces hordes de paysans révoltés, pour défendre les droits séculaires méconnus, venger la famille insultée et délivrer les prisonniers du Temple ! Ils songent que la lutte sera effrayante. Avec quel enthousiasme, avec quelle frénésie ils vont se jeter dans la mêlée, aux cris de : Vive le Roy ! Ils sont prêts à montrer aux Princes leur indéfectible loyalisme et à donner à la cause sacrée de la monarchie le meilleur de leur sang — la dernière miette de leur cervelle !

Ils vont de l'avant avec un entrain admirable. Et ils ont alors tant de consolantes illusions, tant de radieuses espérances, qu'ils voudraient que ces heures bénies ne finissent jamais !

Toute la journée se passe au milieu de la plaine. On reste à cheval, sans manger. On attend un signal ; on espère des ordres, qui ne viennent pas ; ils en sont stupéfaits !

Après trois heures de marche, on fait halte. Le duc d'Angoulême et le duc de Berry passent dans leurs rangs, pour calmer leur impatience plutôt que pour stimuler leur ardeur. Les princes viennent au milieu d'eux ; ils se félicitent de l'issue prochaine et non douteuse de la campagne. Ils parlent de l'affaire de Valmy comme d'une simple pétarade, qui doit inspirer toute confiance. Ils ont la conviction que Dumouriez est entouré de tous côtés et qu'il va être écrasé ; il n'a que des gardes nationaux mal disciplinés, manquant de tout, incapables de résister aux soldats du grand Frédéric. La cavalerie noble est chargée de leur couper la retraite et de les poursuivre dans la défaite.

Ils fixent sur les Princes des regards enthousiastes, les enveloppant d'une atmosphère d'adulation, et ils ont pour le drapeau blanc le culte des payens pour leur idole.

Cependant, les heures passent. Les officiers de l'avant-garde vont en reconnaissance : ils aperçoivent les Patriotes, les Prussiens et les Autrichiens, mais on n'entend plus rien dans les camps. Vers le soir, on voit au loin défiler les Prussiens, qui rétrogradent vers Hans, tandis que leur avant-garde se retire sur la route de Châlons.

La petite armée, lasse, découragée, abandonnée, est effrayée de son inaction. Dans leur exaspération, les Emigrés supplient les Princes de les mener au combat, seuls, sans les alliés. L'attente devient douloureuse, angoissante !

Et voici qu'ils reçoivent l'ordre de s'arrêter et que la retraite sonne — **comme un glas** !

Ils sont dans la consternation. Une rafale de colère passe sur les régiments. Ils ne comprennent pas. Ils voudraient... Mais il faut s'incliner devant la fatalité. La nuit tombe sur leur défaite ; ils sont vaincus sans avoir tiré l'épée, sans avoir vu l'ennemi. Et ils s'en vont, tête baissée, silencieux, le désespoir dans l'âme et la rage au cœur.

La colonne de droite se porte à l'extrémité de la plaine, au village de La Croix. Les corps établissent leur bivouac autour du village ; seuls les officiers généraux trouvent un abri dans les maisons. La colonne de gauche s'incline vers Saint-Remy ; l'avant-garde se porte au-delà du village, sur la route de Châlons, où ils se flattaient, hélas ! d'arriver avant la fin du jour. Les princes fixent leur quartier général à Somme-Tourbe. où vient les rejoindre le maréchal de Broglie, dans l'espérance, dit Louis XVIII, de prendre part à la victoire qui aurait réjoui sa vieillesse (1).

On n'a ni vivres, ni fourrages. La Croix et Saint-Remy sont entièrement dévastés, comme Briquenay.

La nuit est lugubre. Ils sont brisés, anéantis, et ils s'endorment sous la pluie qui tombe toujours, glaciale, implacable et vengeresse !

SOURCES

D'Espinchal, manuscrit cité.

Archives historiques du Ministère de la Guerre, Armée du Centre, 2ᵉ quinzaine de septembre 1792.

Gœthe, Campagne de France, passim.

Comte de Neuilly, op. cit.

Chuquet, Valmy, passim.

Duc de Caraman, Mémoires, in Revue Contemporaine, 15 nov. 1853, p. 16.

Comte de Contades, Souvenirs : Coblentz et Quiberon, pub. par M. Barberey, Paris, 1865, in-8°.

Blondin d'Abancourt, Onze ans d'émigration, Paris, 1897.

Bonnefox, Souvenirs et Mémoires : Mémoires d'un ancien Officier, juillet-déc. 1900, p. 54.

De Moriolles, Mémoires, Paris, 1902, in-8°.

Carnet de la Sabretache, Capitaine Digeon, La première invasion prussienne, nov. 1896, p. 618.

De Champflour, La Coalition d'Auvergne, Riom, 1899.

(1) Saint-Remy-sur-Bussy, canton de Dommartin.

X

APRÈS VALMY

Du 22 au 30 septembre, on piétine sur place, dans une désespérante inaction. Jours de misères, d'inquiétudes, d'alertes perpétuelles, où on est sans cesse ballotté entre l'espérance d'une victoire prochaine, où sombrera la Révolution, et les tristesses des nouvelles venues des camps ou de Paris, apprenant les réalités brutales. Mais si leur âme subit le flux et le reflux de l'enthousiasme et du doute, il n'en est pas moins vrai que, dans leur aveuglement, ils gardent encore leurs idées fossiles ; ils demeurent toujours convaincus que la cohue indisciplinée des Jacobins ne pourra résister aux premières armées de l'Europe.

Le 22 septembre, le temps est clair. Le corps de bataille bivouaque dans la plaine de Somme-Tourbe, et le quartier général des Princes est à Somme-Suippe ; l'avant-garde séjourne à La Croix et à Saint-Remy. L'armée noble est chargée d'observer les routes de Châlons et de Reims et de couvrir les derrières de l'armée prussienne.

On patauge dans une boue liquide, où les hommes enfoncent jusqu'aux genoux, et les chevaux jusqu'au ventre.

Les équipages arrivent à grand'peine dans la matinée ; les chevaux sont rendus ; il n'y a pas de fourrages ; quelques granges ont de la paille ou de l'avoine en gerbes, rapidement épuisées.

On manque de tout, on meurt de soif ; on n'a qu'une eau blanchâtre, nauséabonde, que les chevaux même refusent ; ils vont boire à une demi-lieue plus loin.

Impossible de trouver du pain et de la viande, même à poids d'or. L'avant-garde a manqué de pain pendant 36 heures ; le comte d'Artois l'a haranguée : peut-être lui a-t-il promis que la joie d'être en France devait la nourrir (lettre de l'armée de Clerfayt).

Pendant quatre jours, les hommes ont vécu d'une décoction de blé. Force leur est de prendre ce qui leur est nécessaire, sans pitié pour les malheureux habitants, qui sont plus haineux que jamais.

C'est une dévastation générale des villages. La nuit précédente, sous prétexte de fourrager, on a pillé toutes les maisons à Somme-Bionne, même celle qu'habite le prince de Reuss. En présence des officiers, on enlève tout, même les vêtements; et les habitants sont menacés de mort quand ils refusent de se dépouiller (1).

On est en quête de vivres, dans les villages voisins ; il faut une prudence infinie : on se heurte aux patrouilles des Patriotes, que guident les paysans. Lorsque les émigrés sont faits prisonniers, ils ont l'affreuse perspective d'être pendus ou massacrés.

On attend en vain des ordres dans la journée.

On va, sur la hauteur, examiner le camp des Prussiens. Les Autrichiens sont au-dessus d'eux. On n'aperçoit pas l'armée de Kellermann, qui est, paraît-il, dans une forte position ; on raconte toutefois qu'elle est entourée, qu'elle ne peut s'échapper et qu'elle ne demande qu'à mettre bas les armes. Ces nouvelles leur donnent confiance et les aident à supporter patiemment leur horrible situation. Cependant aucun déserteur ne se présente, et c'est en vain que, pendant la bataille de Valmy, Nassau-Siegen et quelques émigrés se sont avancés sur la route, en agitant un mouchoir blanc, pas un soldat ne vint à eux.

Brunswick a commis la faute de permettre à Kellermann d'établir ses batteries au-delà de l'Auve et d'améliorer sa position. Le bruit court qu'une attaque se prépare pour le lendemain. La cavalerie noble est encore dans le meilleur état, et les émigrés sont prêts à soutenir l'honneur français en présence des Autrichiens et des Prussiens.

Jaucourt veille à la sûreté de son avant-garde ; Contades place des vedettes sur les chemins de Reims et de Châlons et envoie des patrouilles en avant.

A onze heures du soir, on entend des coups de fusil. Alerte générale. On monte à cheval ; on se met en bataille dans la plaine, en attendant des ordres. Il fait un froid très vif. Les Patriotes ont repoussé les hussards qui se replient ; il faut les soutenir. On entend la fusillade à 600 pas. Une balle atteint la joue de Tournin, aide de camp de Jaucourt, lui coupe l'oreille et le désarçonne. Jaucourt se met à la tête de la brigade, on part au galop. Mais les Patriotes ont déjà pris la fuite. On rentre à trois heures du matin. Deux hussards sont tués et deux faits prisonniers. Le colonel

1) Arch. Nat.. O³2600. Lettres de Dutheil.

marquis d'Ambrugeac a la jambe cassée dans la bagarre ; son cheval est tombé sur lui.

*
* *

Une pluie glaciale tombe le 23. On gèle sous la tente. On brûle les branches vertes des saules et des peupliers. Le corps de bataille est encore le matin devant La Croix. Les grenadiers à cheval, les gardes du corps du Roi et les deux escadrons des gardes du corps des Princes vont à Somme-Suippe. La brigade Colonel-général, le Royal-Allemand et l'escadron de la Marine vont occuper Laval ; on part de bonne heure pour préparer les logements. L'avant-garde, avec le marquis de Jaucourt, restera à La Croix, et les Autrichiens à Saint-Jean-sur-Tourbe (1).

Après dîner, on reçoit l'ordre de monter à cheval pour intercepter un convoi ; on s'avance avec armes et bagages. Après une lieue, il y a contre-ordre ; les Autrichiens avaient fait la besogne, à l'insu de l'état-major des Princes. On rentre à La Croix, on y couche dans des granges à peine couvertes.

Ils sont stupéfaits de leur inaction. Leurs amis de l'intérieur s'en affligent plus encore, et on leur écrit que la Normandie et la Bretagne les attendent avec grande impatience (2). On fait au bivouac des racontars sur ce qui se passe dans les états-majors. Ils apprennent avec stupéfaction qu'il y a des entrevues entre Dumouriez et le roi de Prusse, que le général français a toutes les attentions pour Frédéric-Guillaume, lui envoie du champagne et des fruits.

C'est que les coalisés, dont l'armée faiblissait chaque jour, étaient lassés de la guerre. Valmy avait abattu l'orgueil du roi qui, conseillé par Brunswick, avait le secret désir de transiger avec la Révolution. Déjà, le 22, Westermann était allé au camp prussien demander d'échanger George, maire de Varennes, contre le secrétaire du roi, Lombard, fait prisonnier le 20 aux Maisons-de-Champagne ; et il avait porté au souverain un mémoire de Dumouriez. Le 23, Mansten et Heyman furent chargés de se rendre au camp de Dampierre et de s'aboucher avec Dumouriez et Kellermann (3). Ils demandaient avant tout la liberté de Louis XVI et celle des émigrés.

(1) Pièces justificatives, V et VI.
Laval et Saint-Jean-sur-Tourbe, canton de Sainte-Menehould.
(2) Arch. Nat., O³2600. — Lettre de DUTHEIL.
(3) Maisons-de-Champagne, canton de Vitry-le-François.
Dampierre, canton de Sainte-Menehould.

Dumouriez promit de porter ces propos devant le Conseil exécutif, et on convint de faire cesser le feu pendant les négociations. Aussi les vedettes ne tirent plus les unes sur les autres ; les Français portent même leur soupe aux sentinelles prussiennes, qui leur baisent les mains et les embrassent (1).

C'est le même soir que Dumouriez, en rentrant à Sainte-Menehould, apprend la chute de la Royauté et la proclamation de la République. Il devait voir le roi le lendemain : il lui fait connaître par une lettre les faits accomplis et l'invite à repasser la frontière.

Il ne perd pas un instant. Il presse les généraux, à Châlons et à Reims, de serrer de près les coalisés et les émigrés. Il avertit la municipalité de Reims que l'ennemi pourra à peine détacher 5 à 6,000 hommes et que, pour y faire face, il faut envoyer 300 hussards vers Suippes. D'Harville avait déjà posté 400 gendarmes nationaux sur la colline de Berru (2) pour surveiller la cavalerie noble ; un bataillon de la garde nationale part pour Pontfaverger, où d'Harville installe son quartier général ; il pousse des reconnaissances jusqu'à la Suippe ; il enlève partout les drapeaux blancs et reste quatre jours en embuscade derrière Saint-Hilaire. Les Patriotes sont pleins de confiance.

*
* *

Il fait un temps affreux le lundi 24. Les Autrichiens font un mouvement en avant, et l'avant-garde des émigrés reçoit l'ordre d'aller de La Croix à Saint-Jean-sur-Tourbe, avec l'escadron de la marine. Le village est trop petit pour les loger ; les chevaux sont au bivouac ; beaucoup d'hommes couchent près d'eux, malgré la pluie torrentielle.

Les chevaux sont malades et manquent de fourrage. Pendant quatre jours, douze journaliers ont battu les grains, nuit et jour, dans l'église de Suippes ; mais toutes ces provisions sont insuffisantes (3). Les chevaux en sont réduits à manger le chaume arraché aux toits. Chaque jour, ils meurent en grand nombre ; leurs cadavres jonchent le sol, empestent l'atmosphère ou empoisonnent les rivières.

(1) DUVERNOY, in *Bulletin historique et philologique*, 1902. — Lettre du lieutenant-colonel LACOSTE.
(2) Berru, canton de Beine.
(3) Arch. Nat., 0²2598.

Les hommes tombent d'inanition. Pendant la semaine, on fit deux distributions de pain, et quel pain ! de l'avoine à demi moulue. Les privilégiés qui peuvent trouver du pain le payent quinze francs la livre. L'eau est toujours horrible, le vin rare et à des prix exorbitants. Les convois ne peuvent arriver à cause des chemins défoncés ; les dragons de Kellermann ont pris un convoi de 70 voitures de pain.

La dysenterie fait des ravages effrayants dans l'armée prussienne. C'est par milliers que se chiffrent les morts. Et la maladie gagne l'armée des Princes ; il n'y a aucun médecin pour les soigner, tandis que l'armée de Dumouriez est pourvue de tout, et les rapports des membres du Conseil de Santé constatent qu'il n'y a jamais eu si peu de malades, que la nourriture y est abondante, et l'hygiène excellente (1).

Le roi de Prusse est installé, avec son état-major, au château de Hans (2), grande bâtisse vulgaire, avec un beau jardin à la française. Il appartient à la veuve du comte de Dampierre, qui fut égorgé le 22 juin 1791, par les gardes nationaux qui suivaient Louis XVI au retour de Varennes. Les Princes y font de courtes visites, pour exciter l'amour-propre du monarque ; ils y sont venus en uniforme de gala, à la fête de l'anniversaire de sa naissance. Ils sont toujours fort mécontents de la suspension des hostilités.

Son armée est épuisée, languissante, découragée ; les désertions se font nombreuses ; la discipline se relâche. Ses soldats n'épargnent ni les châteaux, ni les propriétés des émigrés, comme la ferme des Maigneux et la ferme seigneuriale de Somme-Bionne. Le château de Hans même est pillé par les gardes du roi ; les officiers brisent les vases des cheminées et les meubles. Mme de Dampierre, qui les attendait en libérateurs, est contrainte de se sauver et d'errer dans les champs ; ses deux enfants allaient succomber avec elle, lorsque deux chasseurs de Le Loup volent à leur secours ; sa femme de chambre reçoit un coup de sabre sur la tête. Dans la chapelle castrale, on commet des horreurs, on pille les vases, on éventre les statues ; chez le chapelain, on brise les meubles, on enlève linge, lits, rideaux et livres. Leurs hussards volent même les

(1) *Chronique de Paris*, juillet-décembre 1792, p. 1126.
Mémoire de Coste, premier médecin des armées, Sabatier et Parmentier, membres du Conseil de Santé.
(2) Hans, canton de Sainte-Menehould.

équipages des émigrés, et les généraux n'écoutent aucune protestation. Si le mauvais temps continue, dit le mémoire de Coste, ils n'emmèneront ni hommes, ni chevaux, ni artillerie.

C'est dans la journée du 24 que le prince de Nassau-Siegen assiste à un Conseil de guerre chez le duc de Brunswick, avec les Princes, le maréchal de Castries et les principaux émigrés. Nassau propose au duc de tourner la cavalerie française avec 20,000 hommes soutenus par les émigrés. Ceux-ci gardent toujours leurs illusions ; ils sont encore convaincus que l'armée des Patriotes veut pendre ses généraux, que « ces scélérats tremblent derrière leurs canons et sont incapables de résister ». Brunswick combat cette idée ; il répond que le terrain est impraticable pour la cavalerie et que l'armée manque de pain.

Le soir, nouvelle réunion chez le roi, au sortir de table ; Kalkreuth, Hohenlohe, Clerfayt, d'Autichamp et de la Rozière y viennent également. Le duc de Brunswick expose à nouveau que l'armée est affaiblie, qu'elle manque de vivres, que les terrains sont détrempés, et qu'il serait prudent de reprendre le chemin de Grandpré et d'aller attaquer Sedan. Le maréchal de Castries s'acharne à défendre le projet de Nassau-Siegen et, se tournant vers Frédéric-Guillaume, il s'écrie : « Le roi de Prusse voudrait-il battre en retraite ? Non, il n'en a même pas la pensée. » Après discussion, le roi demande à Clerfayt ce qu'il décide ; le général autrichien répond : « Je ferai tout ce qu'on voudra dès que j'aurai du pain. » On conclut qu'on livrerait bataille le 29.

Sans doute le roi et son entourage n'étaient pas convaincus de la possibilité d'une action militaire, car les négociations sont reprises le lendemain avec Dumouriez. Manstein vient dîner à Dampierre, le 25, avec Kellermann, Valence et le duc de Chartres ; il réclame de nouveau l'échange des prisonniers émigrés, mais Dumouriez ne veut rien entendre. Le 26, Thouvenot est reçu au château de Hans par Brunswick, qui plaide encore la cause des émigrés. Thouvenot affirme qu'ils ne seront pas compris dans le cartel d'échange et qu'ils doivent s'attendre à toute la sévérité des lois ; ce sont eux qui ont ébranlé le trône et achevé la disgrâce de Louis XVI, en prenant les armes contre leur propre patrie et en remplissant l'Europe de leurs mensonges ou de leurs calomnies. On ne traite pas avec les rebelles. Brunswick n'insiste pas et le roi finit par les abandonner.

⁎

Le temps est horrible, et la pluie qui tombe, farouche et torrentielle, inonde leurs fangeux bivouacs. « Si nous avons fait des
sottises, écrit Auguste de Ségur-Cabanac, le ciel au moins nous a
bien lavé la tête. » La position de l'armée noble est des plus
critiques, les princes sont consternés et leur quartier général est
dans la plus grande détresse. La dépression des âmes est au-dessus
des souffrances physiques. Et quel contraste avec la mentalité des
émigrés restés à Bruxelles ou à Coblentz ! On y est tout à la joie,
on raconte que la comédie française va finir, que les coalisés
entreront à Paris dans les premiers jours d'octobre, que ce petit
tigre de Dumouriez est cerné et va capituler (1).

Autour d'eux, le pays offre le plus triste spectacle. Il n'est plus
possible d'y vivre. Déjà, avant leur arrivée, le ministre avait donné
l'ordre de détruire les moulins, de combler les puits et les fontaines,
de concentrer les provisions dans les villes ou de brûler les fourrages et de se retirer avec les bestiaux. Les paysans se sont
dépouillés de tout pour les armées de la République ; aujourd'hui,
ils se sauvent dans les bois, effrayés, emportant tout ce qu'ils
peuvent.

A Somme-Tourbe, c'est un pillage général ; La Croix, Somme-
Suippe, La Chapelle, Auve sont dévastés (2). Les portes, les
fenêtres sont arrachées ; dans l'intérieur des maisons, ce ne sont
que décombres et traces de brigandages ; les lits sont coupés en
morceaux, les plumes dispersées, les toiles sont éventrées et le
mobilier brisé. On retrouve sur les routes des débris d'armoires,
de coffres, de meubles. Dans les granges, les soldats enlèvent les
planches et les chevrons pour les brûler ; les fermes et les villages
sont incendiés. C'est la destruction. Les bœufs, les vaches, les
porcs, les chevaux sont pris ; on en mange une partie, le reste se
putréfie sur les chemins. Impossible de se procurer du lait :
« Hélas ! disent les pauvres gens, comment vous en donnerions-
nous ? Nos vaches ont été mangées. »

Les paysans, affolés, errent partout, cherchant du pain, heureux
quand ils peuvent en faire avec des pommes de terre. « A Somme-

(1) *Correspondance originale des Emigrés*, Paris, 1793 ; *Lettres de femmes*,
passim : « On ne fera qu'une bouchée des sans-culottes, on les fera danser, on s'engraissera
à leurs dépens. » Ils apprennent que Dumouriez a capitulé avec 80,000 hommes : le drôle est
bien frotté !
(2) La Chapelle, canton de Sainte-Menehould. — Auve, canton de Dommartin.

Tourbe et à Somme-Suippe, dit Kellermann, les émigrés n'ont laissé aux citoyens que leurs yeux pour pleurer. Ils ont emporté jusqu'à la dernière chemise que les malheureux avaient sur le dos. »

Dans les villages éloignés, ils ont imposé les plus lourdes contributions, à Saint-Remy, Bussy, La Chapelle, Saint-Hilaire, Jonchery, Somme-Suippe, Cuperly, Vadenay, Perthes, Hurlus-le-Ménil (1).

Et les districts voisins sont totalement ruinés. On y prend les récoltes abandonnées par les cultivateurs en fuite.

Dumouriez retient ses ennemis immobiles dans le désert, dans un pays stérile, où ils doivent périr de misère et de faim. Il sait qu'il les pousse au désespoir, qu'ils s'enfoncent dans le « guêpier ». Il temporise toujours, pour gagner du temps, il erre d'un poste à l'autre, combine de faux mouvements pour tromper ses troupes même. Il sait que l'attente coûte aux coalisés plus de monde qu'une bataille gagnée.

Leur découragement le servait ; il payait de ruse et d'audace. Il voyait, chaque jour, leur armée plus épuisée, plus meurtrie, plus impuissante ; la cavalerie perdait ses chevaux ; la dysenterie tuait les hommes et les averses succédaient aux averses, comme si le ciel se fût mis de la partie.

C'était, du reste, un artiste en intrigue. Sous l'uniforme du général battait toujours le cœur du vieux diplomate (2). Il allait redevenir l'ambitieux aventurier d'antan, avec ses plans politiques. Il avait hâte d'abandonner l'Argonne, d'oublier les alliés et de se jeter en Belgique, pour y conquérir des lauriers.

Les lieutenants de Dumouriez, obéissant à ses ordres, surveillaient l'ennemi, Sparre sur la Vesle et d'Harville sur la Suippe.

Aussi les émigrés poussaient-ils des reconnaissances dans ces directions. Le 27 septembre, le capitaine de Planta, du Royal-Allemand, s'avança sur la route de Sainte-Menehould à Châlons, dans le but de savoir si des troupes de Châlons venaient renforcer l'armée de Dumouriez, et de surveiller toute cette région. Déjà, le matin, Jaucourt avait été jusqu'au pont de Somme-Vesle, près de Châlons. Lorsque le chevalier de Planta rentra à La Croix, pour rendre compte de sa mission au duc de Coigny, il reçut les plus

(1) Arch. Nat , O³ 2599.
Saint-Remy, Bussy, Saint-Hilaire, Jonchery, Somme-Suippe, Cuperly, Vadenay, canton de Suippes. — La Chapelle, c. de Sainte-Menehould. — Perthes et Hurlus, c. de Ville-sur-Tourbe.
(2) Albert SOREL, *Un général diplomate au temps de la Révolution : Dumouriez aux Affaires Étrangères.*
Revue des Deux-Mondes, 15 juillet 1884.

vives félicitations du comte de Caraman. On s'attendait à une
chaude affaire le lendemain (1).

Ce qui afflige le plus leurs éclaireurs, c'est de constater partout,
chez les paysans, ce courant de haine qui monte chaque jour
davantage. On les accueille de tous côtés aux cris de « Vive la
Nation ! Vive la République ! » Ils seraient moins en danger en
pays ennemi.

Le cercle de fer qui les étreint se resserre de plus en plus, et
partout où ils cherchent à s'éloigner, ils se heurtent aux baïonnettes
des Patriotes.

Sur la Suippe, d'Harville reçoit sans cesse des renforts. Le 27,
douze mille hommes partent de Reims et se joignent à lui ; les
troupes venues du Chesne avec Dubouquet sont déjà sous ses
ordres. Aussi, le 28, pousse-t-il ses bataillons vers Saint-Hilaire. A
deux heures de l'après-midi, il est en contact avec la maison du
Roi, les gardes de Monsieur et du comte d'Artois, dispersés dans
les villages, où ils lèvent des contributions. Les troupes royalistes
sortent de Saint-Hilaire avec un troupeau de moutons, de porcs et
de vaches, et leur arrière-garde est encore dans le village. Ils sont
mis en déroute ; 15 gardes du comte d'Artois sont tués, 3 faits
prisonniers. On leur enlève leurs montres et leur argent. On
cherche à les poursuivre, mais ils se rangent en bataille et obligent
les Patriotes à rebrousser chemin.

En se retirant, d'Harville tombe dans une embuscade de gendarmes royaux, qui attendent dix-huit voitures : il leur prend tout
leur butin ; un gendarme est tué, trois sont pris. Comme il rentrait
à Auberive, il les vit fuir vers Suippes (2).

Cette affaire exaspéra les Emigrés qui, de Suippes, crurent
prudent de rétrograder. Les Princes envoyèrent M. de Montjoye,
des hussards de Chamborant, solliciter le secours des Prussiens ;
le comte d'Artois écrivit même au marquis de Lambert, pour
réclamer un de ses gardes du corps, pris en fourrageant. Leur
demande resta sans réponse.

Cependant les Emigrés comptaient toujours se battre le 29. Le
28, ils avaient reçu l'ordre d'être à cheval à trois heures du matin
et de prendre des vivres pour la journée. Ces dispositions avaient
rempli leur âme d'allégresse ; ils renaissaient à l'espérance.

(1) Pièces justificatives, VII.
(2) *Annales politiques et littéraires*, 1792, p. 1250.
Auberive, canton de Beine.

Dans la journée, le duc de Brunswick avait lancé une nouvelle proclamation, sous l'impulsion du roi et des Autrichiens. Il y traitait de haut l'Assemblée, il exigeait le rétablissement de la monarchie et la mise en liberté de la famille royale. Dumouriez, surpris et indigné, refusa de recevoir Mansten. Aux conditions impératives du manifeste, il répondit par d'autres exigences : la reconnaissance de la République, l'abolition de la royauté et la suppression de la noblesse. C'était la rupture.

Le soir, un dernier conseil se réunit chez le roi. Les Princes y assistaient avec leurs généraux. Brunswick exposa qu'il n'avait pas 30,000 hommes sous la main, les autres étaient malades. L'attaque était téméraire le 20 septembre ; elle serait insensée le 29 ; s'ils étaient victorieux, ils seraient incapables d'aller jusqu'à Paris. Du reste, on avait mal jugé les ressources de la Révolution ; les armées succédaient aux armées; un corps considérable était formé à Châlons, qui fermait la route de Paris.

Les Princes comprirent la force de ce raisonnement et la gravité de leur situation. Ils demandèrent pour les Emigrés le poste le plus périlleux. Le comte d'Artois avait la prétention d'enlever à la baïonnette, à la tête de la noblesse, les batteries de Kellermann à Gizaucourt. On refusa leurs offres avec les compliments d'usage.

C'est alors que Clerfayt prit la parole : « Eh bien ! moi, dit-il, je marcherai sur Paris ! » Et comme on lui demandait avec quelles troupes, il répondit : « J'ai 100,000 hommes ; 20,000 hommes de l'Empereur, mon maître, et les Emigrés en valent 80,000 ! » Mais le roi de Prusse, gagné enfin par le duc de Brunswick, répartit vivement : « Si vous entreprenez cela, je vous mettrai entre deux feux ! »

La retraite était décidée.

SOURCES

Chronique de Paris, juillet-décembre 1792.

Moniteur, septembre-octobre 1792.

Mercure français, septembre 1792.

Mercure universel, septembre 1792.

Annales politiques et littéraires, 1792.

Thermomètre du jour, 1792.

Courrier des 83 départements, I. 35.

Archiv. historiques du Ministère de la Guerre, armée du Centre, deuxième quinzaine de septembre, première quinzaine d'octobre. Lettres de KELLERMANN.

Archives de Reims, abrégé historique et chronologique de l'histoire de Reims, I, 457.

DE MARCILLAC, *Souv. de l'Emigration*, Paris, 1825.

Campagne de 1792, par un officier prussien ; trad. franç. sur la 4e édition, in-8°, Paris, an III.

Campagne du duc de Brunswick contre les Français en 1792, Paris, an III.

A. JOINVILLE, *Campagne de 1792 en France*, ext. du *Spectateur militaire*, déc. 1840, mars 1841. Paris, in-8°, 1841.

Mortimer TERNAUX, *Histoire de la Terreur*, Paris, 1862, T. IV, notes.

DE NEUILLY, *Souvenirs et Correspondance*, pub. par Maurice Barberey, Paris, 1865.

Bernard DE LA FRÉGEOLIÈRE, *Mémoires (émigration et chouannerie)*, Paris, 1881.

CHUQUET, *Valmy, et Retraite de Brunswick*, op. cit., passim.

Comte DE CONTADES, *Souvenirs*, Paris, 1885, in-8°.

Capitaine DIGEON, *La première invasion prussienne, 1792*, in *Carnet de la Sabretache*, nov. 1896, p. 618.

Chevalier DE VILLEBRESME, *Souvenirs*, Paris, 1897.

BONNEFON, *Souvenirs et Mémoires*, recueil mensuel : *Mémoires d'un ancien officier*, juillet-décembre 1900.

XI

RETRAITE

C'est à Suippes que les Emigrés reçoivent l'ordre de battre en retraite. Jusqu'ici, l'espoir de se frayer un chemin vers Paris les soutenait et leur donnait le courage de supporter leurs misères. En vain on veut leur persuader que ce mouvement a pour but de faire sortir Dumouriez : cette nouvelle entre en eux comme une lame de poignard ! Ils sont pris d'une immense tristesse, d'un profond désespoir, ils se sentent perdus !

Ah ! fuir devant un ennemi qu'on méprise, être vaincus sans se battre, tourner le dos à Paris, au Roi prisonnier, à la famille dispersée ; songer à l'écroulement des droits légitimes, à l'effondrement de toutes les espérances, de tous les rêves !... La fortune engloutie, le foyer détruit, les autels brisés !... Tout sombrait sous le vent furieux du Destin ! Cette atroce pensée montait sans cesse en eux et noyait leur raison.

Ils ne s'étaient mis en route que pour une promenade militaire ; leur marche en avant avait été une splendide randonnée ; leur exode allait être une lamentable déroute, un long défilé de jours sombres et sans espoir. Personne ne dira quel calvaire douloureux montèrent ces braves gens. Aucune retraite historique ne fut plus pitoyable.

Il en est qui ne purent supporter l'idée de ce désastre et se donnèrent la mort. Quelques-uns rentrèrent en France, où la guillotine les attendait. D'autres gagnèrent Verdun : on les voyait fuir par petits groupes. Le plus grand nombre suivit les Princes en exil.

Leur premier ressentiment monta vers le duc de Brunswick. C'était, disaient ils, un homme inepte et surfait ; il n'avait consulté que les femmes des Emigrés. Billaud-Varennes, Carra et Tallien avaient payé ses dettes avec 30 millions, provenant du pillage du garde-meuble. Il était franc-maçon et mené par les loges de Paris. Ils flétrissaient de même le roi de Prusse et l'accablaient d'injures.

Légendes puériles, dont aiment à se payer les vaincus, qui croient toujours à la trahison.

La retraite s'explique par les règles les plus simples de l'art militaire et du bon sens. S'ils étaient allés à Paris avec leur épave d'armée, ils auraient fait prendre le Roi, les Princes et toute la noblesse.

De son côté, le roi Frédéric-Guillaume montrait aux Princes tout son ressentiment : « Vous m'avez trompé, disait-il à Monsieur, je retourne à Berlin. Je veux bien protéger votre retraite à l'ombre de mes troupes ; mais vous vous en souviendrez ! »

L'armée des coalisés reprit le chemin de Grandpré dans la nuit du 30 septembre au 1er octobre. Elle était dans le plus triste état ; elle semait les malades, les agonisants et les morts sur sa route, dans les lazarets ; les environs de Grandpré ressemblaient à une vaste nécropole ; ils y laissèrent plus de 8,000 malades.

Les Autrichiens d'Hohenlohe-Kirchberg et les Hessois gagnèrent Verdun en toute hâte.

Les Princes étaient désormais impuissants. Il fallait se courber, passer sous les fourches caudines de la destinée. Ils refoulaient leurs larmes et cachaient à leurs féaux le déchirement de leur âme. Monsieur écrivait plus tard à Madame Royale : « Jugez de ce que je souffrais de cette fatale retraite. Nous n'étions plus qu'à vingt-cinq lieues de vous, je voyais vos bras tendus vers nous, et il fallut s'éloigner ! » (1) Il jetait à tous les échos son indignation. « La postérité, s'écrie-t-il, s'étonnera quand elle lira dans l'Histoire qu'un grand roi, accompagné des plus fameux généraux et des meilleures troupes de l'Europe, a abandonné son plan à la vue d'un général sans nom, chef d'une armée indisciplinée. » (2).

*

Les Emigrés reprennent tristement le chemin de l'Argonne. Ils vont revoir les villages pillés, qu'ils ont franchis le cœur gonflé d'espérance.

La nouvelle de leur défaite s'était répandue comme une traînée de poudre. Dans toutes nos campagnes, jusqu'au fond des plus humbles chaumières, c'était un débordement de joie, une explosion d'allégresse. Ils allaient partout voir se dresser devant eux le paysan, plus haineux, plus menaçant, plus vindicatif que jamais.

(1) Ernest DAUDET, *Autour d'un mariage princier*, in *Revue des Deux-Mondes*, nov. 1904, janvier 1905.

(2) ANTOINE, *Histoire des Emigrés français*, 1787-1825, Paris, 1828.

Ils vont recommencer les longues chevauchées, monotones et fatigantes, à travers les plaines arides, revoir les sites désolés, le sol inhospitalier, où ils s'étaient égarés quelques jours auparavant.

Le temps est affreux le 30 et les chemins horribles ; on a une peine infinie à sortir de la boue. Les chevaux, exténués, tombent à chaque pas. On se dirige vers Saint-Souplet.

On se sent serré de près par les détachements des Patriotes. M. de Planta leur enlève un caisson de pain blanc, destiné à l'état-major de Dumouriez : ce pain sert à l'état-major des Princes et au Royal-Allemand, qui manque de tout.

D'Harville est campé à Auberive avec 6,000 hommes et s'avance vers Attigny et Le Chesne pour inquiéter leur retraite. Deux de ses bataillons, avec deux pièces de canon, rencontrent les Emigrés à 3 heures du soir à Saint-Souplet ; ils ignorent qui ils sont et viennent reconnaître militairement l'avant-garde des Emigrés, dont les hussards les attaquent à coups de sabre ; ils jettent leurs fusils et se retirent sur Pont-Faverger.

L'armée des Princes reste à St-Souplet ; le quartier général est à Sommepy. Les hommes s'entassent dans les granges et les greniers. Les chevaux sont au bivouac. C'est un désordre affreux ; on a cependant des provisions de bouche et des fourrages ; mais le gaspillage général fait que les uns abusent et que les autres manquent de tout.

La brigade de Jaucourt va loger à Manre, avec quatre escadrons des hommes d'armes à cheval. Le seigneur de Manre est M. de Roucy, qui est à l'armée du duc de Bourbon ; son château est déjà dévasté (1). Les hommes y logent dans les granges et les greniers. Le passage des coalisés coûta à ce village 41,000 livres.

C'est là que viennent les rejoindre les compagnies rouges, ou compagnies nobles d'ordonnances, venues de Thionville à Vouziers et commandées par le marquis de Clarac.

Le 1er octobre, on part au point du jour vers Vouziers. Le temps

(1) Jacques-Henri-Salomon-Joseph comte de Roucy, né à Manre le 19 janvier 1747 ; page du Roi le 28 avril 1761 ; premier écuyer de Marie-Antoinette, puis colonel du régiment de cavalerie de la Reine, maréchal de camp, chevalier de Saint-Louis. Second fils de Jacques-Antoine, comte de Roucy, chevalier, seigneur de Manre et de Vandu, capitaine d'infanterie au régiment de Nivernais, grand-maître héréditaire du duché-pairie de Reims, grand maréchal du Vermandois, né à Manre le 8 avril 1712, y est décédé le 6 avril 1777, inhumé le 7 en la chapelle de la Sainte-Vierge de son église paroissiale de Manre ; et de Marie-Françoise-Pétronille-Isabelle de Fassier, mariée au comte Jacques-Antoine, à Liège, le 2 mars 1742. Par contrat reçu par Périer, notaire au Châtelet de Paris, Jacques-Henri-Salomon-Joseph, comte de Roucy, avait épousé, le 27 mai 1784, Marie-Périne de Scépeaux, morte à Paris en 1843, fille de Joseph-Pierre-Henri, comte de Scépeaux, maréchal de camp et commandant pour le roi en Beaujolais, Lyonnais et Forez. Avec eux s'éteint la branche de Roucy de Manre. (Archives du baron de Finfe de Saint-Pierremont.)

est incertain. On suit des chemins de traverse, plus détestables que jamais. On lève au bout des chaussures des livres de terre, qui colle comme de la poix et qui arrache les semelles des bottes et les fers des chevaux (Comte de Neuilly).

Autour d'eux, de petits postes de Patriotes les menacent à chaque instant ; Kellermann envoie. le 30, la division Desprez-Grassier vers Manre et Marvaux ; le général Valence est à Challerange.

Erasme de Contades passe à Machault avec ses chasseurs. Les habitants donnent tout ce qu'on leur demande.

Les Princes établissent leur quartier-général au château de Vouziers, et l'armée noble séjourne dans les villages voisins, principalement à Sainte-Marie, à Mars et à La Chambre-aux-Loups, où commande le comte de Jarnac. L'avant-garde se fixe à Chamiot.

XII

SÉJOUR A VOUZIERS

INCENDIE DE VONCQ

AFFAIRES DE RETHEL ET DE BUZANCY

Vouziers était au centre des opérations militaires ; son assemblée municipale s'était efforcée de seconder les chefs de corps et d'obéir aux proclamations de Dumouriez ; elle avait organisé des gardes et des patrouilles qui fouillaient les environs, qui surveillaient les ponts et les passages guéables de l'Aisne ; elle s'était reliée par un service de poste régulier avec Buzancy et Stenay, qui étaient sur le chemin de l'invasion ; elle avait établi un conseil permanent qui siégeait nuit et jour, et, à l'approche des Autrichiens, elle avait exigé de la population du calme et de la prudence (1).

Elle avait déjà satisfait aux nombreuses réquisitions des armées de la République. Nous avons vu que les troupes de Clerfayt, après la bataille de La Croix, y étaient passées le 18 septembre, allant à Semide. et que la cavalerie des Princes y avait séjourné le 19 ; ils laissèrent dans la ville un détachement d'émigrés et quelques Autrichiens, qui étaient chargés de veiller au ravitaillement.

Ces troupes désarment les habitants de la ville et du district. L'avant-garde autrichienne avait déjà exigé la remise des armes et du drapeau de la garde nationale. Le maréchal de camp comte de Clarac, sur l'ordre du duc de Broglie, envoie des détachements dans les villages de Vandy, Voncq, Neuville-Day, Terron, Loisy, Quilly, Vrizy, Grivy, Chardeny, Tourcelle-Chaumont, Ballay, Marssous-Bourcq et Blaise (2) ; ils y font des réquisitions exorbitantes de pain, de foin et d'avoine, auxquelles les paysans sont taxés par

---

(1) Pièces justificatives, VIII.

(2) Villages aux environs de Vouziers, cantons de Vouziers, Attigny, Machault et Tourteron (Ardennes).

Le maréchal de Broglie avait pour aide de camp, à Vouziers, le lieutenant-colonel Louis-Marie de Chamisso de Boncourt, du château de Boncourt [Ante], près de Sainte-Menehould, canton de Dommartin.

Chamisso : *d'argent à cinq trèfles de sable, 2, 1, 2, en chef, à deux mains dextre et senestre de même. en pointe renversées en pal.*

le marquis de la Palu ; ils se font accompagner par l'huissier Daumont, qui les guide dans ces villages le 24 septembre (1). Ils payent avec des bons dont on retrouve les originaux aux archives de Vouziers et des Ardennes. Ils achètent tout « au poids de l'or ». S'ils ne commettent aucune déprédation, ils sont d'une exigence et d'une morgue hautaines ; la moindre résistance provoque des répressions violentes.

*
* *

Seuls les habitants de Voncq veulent protester, et cette velléité de révolte va entraîner la destruction du village.

Les Emigrés étaient entrés une première fois à Voncq et avaient enlevé un convoi considérable de pain et de farine ; ils avaient même pris des voitures et des chevaux. Le lundi 24 septembre, ils reviennent de nouveau à la charge, sur l'ordre du maréchal de Broglie, et exigent une nouvelle réquisition. Cette fois, la Municipalité de Voncq, voyant les habitants désespérés, répond que les lois du royaume lui défendent d'obtempérer à cet ordre. Nouvelle sommation dans la journée et nouveau refus. Alors, à trois heures de l'après-midi, le village est envahi par un peloton de cavalerie noble, portant l'uniforme des gendarmes, des chevau-légers et des mousquetaires. Ils ont à leur tête le garde forestier Talon, de Chémery (2). La garde nationale de Voncq, 30 hommes de Tourteron avec leur capitaine et quelques détachements des paroisses voisines se mettent en devoir de les repousser ; ils résistent dans les vignes et sur le mamelon de la Cour-le-Comte. Mais ils ont le dessous ; ils blessent un cavalier et tuent deux chevaux, et ils se retirent pour ne pas être désarmés.

Alors les officiers nobles font mettre le feu au village, qui renferme la plus belle récolte qu'on ait eue depuis de longues années ; 200 maisons avec leur mobilier, les écuries avec chevaux et bétail, les granges avec leurs récoltes sont la proie des flammes.

L'église, l'habitation du maire Robert, de son frère le député, le presbytère, sont en cendres. Les mousquetaires surveillent l'incendie. Ils trouvent que la maison du conventionnel Robert (3) ne brûle pas assez vite, et ils exigent que la vieille nourrice de la famille aille jeter de la paille dans le grenier pour alimenter les

(1) Pièces justificatives, IX et X.
(2) HENRY, *Les Prisonniers du Mont-Dieu*, Sedan, 1907, p. 93.
(3) Robert (Michel), né et mort à Voncq (1738-1796). Avocat, puis député à la Convention. Vota pour la mort de Louis XVI sans sursis ni restriction.

flammes. Ils empêchent une pauvre mère de rentrer chez elle, et trois enfants sont brûlés vifs ; un père de famille, du nom de Pierrard, reçoit deux balles et meurt ; les vieillards et les femmes sont maltraités ; 18 hommes sont garrottés et emmenés à la queue des chevaux ; 600 personnes étaient sans asile. Les pertes furent évaluées à 1,500.000 livres.

Les femmes des prisonniers, le maire et le curé Peigné, protestant de leur fidélité à la République, demandèrent, au nom de l'humanité, un secours aux administrateurs du département et les supplièrent de faire délivrer les captifs. Ils comparurent plus tard à la barre de la Convention, qui leur accorda un premier versement de 50,000 livres, pour aider les cultivateurs à faire leurs semailles (1).

***

Cette cruauté exaspéra plus encore, s'il est possible, les sentiments de haine et de vengeance des paysans ; ils allaient exercer de terribles représailles sur les Emigrés, qui tombaient isolés ou qui cherchaient à rentrer en France.

Le lendemain de cette triste affaire, quatre émigrés furent pris à Dontrien et conduits à Reims. On eut une peine infinie à les protéger contre la fureur des volontaires, et l'un des prisonniers ayant essayé de s'échapper, en entrant en prison, fut tué sur-le-champ par un volontaire dont il voulait arracher le sabre (2).

L'armée des Princes séjourne à Vouziers du 1er au 5 octobre, à son retour de Valmy. Les Princes sont installés au château qu'avait abandonné le seigneur de Vouziers, Jean-François Levesque (3) ; c'était un bâtiment à deux étages, en pierres de taille, flanqué au

(1) SOURCES : *Moniteur* du lundi 1er octobre 1792, n 14, p. 86.
Archives historiques du Ministère de la Guerre, Armée des Vosges et de la Moselle, n° 244, 1re quinzaine d'octobre.
Archives des Ardennes, L, 629, 630, 631.
ROBERT, député des Ardennes à la Convention nationale, *Trois questions relatives à l'indemnité à accorder à la commune de Voncq*, Paris, 1793, plaquette de 4 pp.
GOFFART, *Revue historique ardennaise*, 1896, T. III, p. 43.
(2) Archives des Ardennes, L, 305.
Dontrien, canton de Beine (Marne).
(3) Levesque de Vandières : *d'azur au chevron accompagné en chef de deux étoiles et en pointe d'un cœur d'or*. Devise : *Cor in armis*.
Jean-François Levesque, chevalier, vicomte de Vouziers, seigneur de Savigny-sur-Aisne, chevalier de Saint-Louis, capitaine commandant de la compagnie de Vouziers au régiment de Bourgogne-cavalerie ; épousa Mme Marie-Jacquette-Charlotte de Pineau de Lucé, fille de Jacques de Pineau, chevalier, baron de Lucé, conseiller d'Etat, intendant de la province d'Alsace, et de Marie-Charlotte de la Live : dont une fille unique, Jeanne-Françoise-Charlotte, baptisée le 12 mars 1782. Elle avait donc dix ans au moment où se passent les événements que nous racontons. Son père émigra, la laissant seule au château de Vouziers, sous la garde d'un parent, Messire Jacques de Siret. Mlle Charlotte Levesque de Vandières épousa à Reims, en l'an X, M. Pâté, propriétaire. Le dernier seigneur de Vouziers est mort en 1793.
Cf. VINCENT, *Histoire de la Ville de Vouziers*, Reims, Matot, 1902, in-8°, p. 126.

levant de deux pavillons carrés et au couchant de deux tours rondes. Au midi, entre le château et la ferme, s'élevait la chapelle. Plus loin, vers la plaine, s'étendaient des jardins à la française, ornés de statues et de bosquets. Il fut vendu à démolir vers 1820.

Les Emigrés attendent les ordres du roi de Prusse. Les officiers, cantonnés à Mars, à Sainte-Marie et à La Chambre-aux-Loups, ceux de l'avant-garde campés à Chamiot, viennent fréquemment chez les Princes (1). C'est une consternation générale. Ils épuisent leurs ressources ; le pain et la viande sont rares et se vendent fort cher. Le quartier-général absorbe tout.

Ils font rétablir le pont sur l'Aisne et organisent une ambulance de vingt lits au presbytère. La ville, épuisée par tant de passages, ne peut plus satisfaire leurs exigences. Le maire, Lalondrelle, est en lutte perpétuelle avec l'état-major. Et c'est le pistolet sous la gorge, avec la menace d'incendier la ville, qu'on lui ordonne de contraindre ses concitoyens à fournir le nécessaire ; il le fait avec l'assentiment de son conseil et pour éviter aux habitants l'horreur d'une exécution militaire (2). Il invite donc ses compatriotes à livrer les chevaux et voitures réclamés par les Emigrés ; le 1er octobre, il signe un ordre qui enjoint au maire de Chestres de fournir quatre chevaux, garnis de leurs harnais, qui seront conduits au château pour le service des Princes.

Le village de Sainte-Marie fut ruiné. Madame de Villiers de Mecquenem, du château de Bailla, se plaignit d'avoir été pillée par les hussards de Jarnac (3).

(1) Mars, Sainte-Marie, La Chambre-aux-Loups, Chamiot, canton de Vouziers (Ardennes). Les bons datés du camp de Chamiot sont signés : de Rochechouart, lieutenant-général, Prince de Croy, de Montalembert.

(2) Le 2 déc. 1792, le Conseil municipal vota des remerciements au maire, qui avait bien mérité de la ville ; fort heureusement pour Lalondrelle, car Levasseur le fit mettre en arrestation et traduire devant le Conseil de Sûreté générale (Arch. nat., A F, II, 87,643).

(3) Villiers : d'azur, semé de fleurs de lys d'or.
Mecquenem : d'azur, à deux sceptres fleurdelysés d'or, passés en sautoir.
Joseph-Jérôme-Charles de Villiers, chevalier, vicomte de Sugny, seigneur de Bailla, Sainte-Marie-sous-Bourcq, Mont-Saint-Martin, etc., capitaine d'artillerie au régiment de Grenoble, chevalier de l'ordre royal et militaire de Saint-Louis, fils aîné de Joseph de Villiers, chevalier, seigneur de Bailla, Sainte-Marie-sous-Bourcq, Savigny, Saint-Morel et Juzancourt, colonel d'artillerie, chevalier de Saint-Louis et de Catherine-Henriette de Sugny, naquit au château de Bailla le 13 novembre 1745 ; il épousa, en l'église de Savigny-sur-Aisne, le 1er octobre 1767, Anne-Jeanne-Françoise de Mecquenem, née à Savigny le 13 décembre 1750, fille de Louis de Mecquenem, chevalier, vicomte de Savigny, seigneur de Mont-Saint-Martin, ancien porte-étendard des gardes du corps du Roi avec grade de capitaine de cavalerie, chevalier de Saint-Louis, pensionnaire de Sa Majesté, et de Marie-Marguerite de Graffeuil, dame de Mont-Saint-Martin. Monsieur de Villiers mourut à Maubeuge, où il était en garnison ; sa femme décéda au château de Bailla le 5 avril 1827. Dont une fille unique, Marie-Joséphine, née à Savigny le 22 août 1768, et qui épousa à Sainte-Marie-sous-Bourcq le 19 avril 1808, le chevalier Marie-Charles-Claire-Louis-François de la Chevardière de la Grandville, lieutenant-colonel du génie à Mézières, chevalier de Saint-Louis et de la Légion d'honneur, député des Ardennes, né au château de la Grandville le 12 août 1768, mort à Charleville le 31 décembre 1858.
(Archives du baron de Finfe de Saint-Pierremont.)

Cependant Dumouriez, dont la situation était incertaine, était heureux de voir fuir l'armée des coalisés et leur laissait les portes larges ouvertes. Il avait toujours l'arrière-pensée qu'une crise fâcheuse pût se produire dans son armée, comme à Montcheutin ; mais lorsque leurs derniers soldats furent disparus, il lança prudemment sur leurs derrières les éclaireurs de Kellermann, de Beurnonville et de Dubouquet, qui, s'ils l'avaient voulu, auraient pu leur faire beaucoup de mal. Mais ils ne tiraient pas sur les Prussiens : ils reconduisaient simplement le roi de Prusse. En revanche, le général français ne ménagea pas les Émigrés. Il donna l'ordre à d'Harville de s'avancer par Attigny sur Le Chesne ; à Myaczinski, qui était à Sedan, de les inquiéter dans la forêt du Mont-Dieu, et à Ligniville de les harceler aux environs de Montmédy.

Déjà, le 30 septembre, Beurnonville avait fait 200 prisonniers, pris 24 chariots chargés de pain, eau-de-vie, habillements, et 80 chevaux. Cinq émigrés de la maison du roi furent appréhendés au corps et conduits à Sainte-Menehould. Le même jour, il écrit à Dumouriez qu'il fait de nouveaux prisonniers à La Neuville-au-Pont (1), parmi lesquels deux hussards de Chamborant et quelques officiers nobles. « Tous mes hussards, dit-il, ont des montres et de l'or. La noblesse est obligée de se mettre en défense contre les fourches, les pelles et les pioches. »

Près de Sainte-Menehould, Westermann s'empare d'un convoi et des hommes qui le gardent, parmi lesquels huit émigrés ; le 1er octobre, nouveaux prisonniers, dont trois officiers nobles du régiment d'Angoulème. MM. Duménil et Dammartin de Fontenay, pris les armes à la main, sont enfermés à Châlons.

Le 1er octobre, Dillon se bat entre Autrecourt et Fleury-sur-Aire contre 600 Hessois et un escadron d'émigrés, qui se dirigent vers Clermont et Verdun (2).

Parti le 2 octobre au point du jour, Dumouriez vient à Vienne-la-Ville, d'où il écrit à Servan : « J'envoie à MM. les commissaires une pièce très curieuse : c'est le livre d'ordres de l'armée émigrée. » M. de Broyes, seigneur d'Autry, y a rassemblé 46 bœufs et 600 moutons. Dumouriez s'en empare. M. de Broyes y arrive à midi avec 4,000 émigrés ; de rage il fait piller Autry ; les traînards

(1) La Neuville-au-Pont, canton de Sainte-Menehould (Marne).
(2) Autrécourt et Fleury-sur-Aire, canton de Triaucourt (Meuse).

saccagent son propre château, tandis qu'il se retire dans le Clermontois. Dumouriez est le 6 au château d'Autry (1).

Près de Servon, on prend 22 voitures emplies de portemanteaux, malles, chapeaux, chemises, bottes, guêtres, chaussures, qui appartiennent aux Émigrés (2).

Carra, commissaire à Sainte-Menehould, fait paraître devant lui les prisonniers. Ils prétendent en vain reconnaître leur erreur ; ils sont abattus, consternés et témoignent un profond regret d'avoir pris un si mauvais parti. Ils demandent à rentrer chez eux et à se rallier à la République. C'est le refrain de tous ceux qui sont pris, on ne les croit plus ; et Carra ajoute : « Ces misérables demandent grâce avec une bassesse bien digne d'eux. »

Le comte d'Artois est effrayé d'apprendre ces tristes nouvelles. Il écrit une lettre indignée au roi de Prusse, le suppliant d'empêcher ces pilleries et ces rapts, par la force des armes. Le roi fait une réponse évasive et refuse de se livrer aux représailles que souhaite le prince (3).

Les Patriotes resserrent le cercle qui étreint les Emigrés. Autour de Vouziers, on se venge des excès des nobles, on les menace, on les traque, on s'empare de leurs pompeux équipages lorsqu'ils s'engagent dans les campagnes avec une trop faible escorte. On n'épargne que les chariots chargés de malades ou de moribonds, dans la crainte des maladies contagieuses. Les Emigrés s'en vengent en mettant les villages en coupe réglée (4).

Dans la nuit du 2 au 3 octobre, un détachement se rend au village de Neuville-Day. Il comprend des hussards de Polignac, des Irlandais, des soldats du Royal-Allemand, commandés par 40 émigrés. Ils pillent le village.

La même nuit, un autre détachement se rend à Tourteron, qui est mis à sac. Les pertes sont évaluées à 10.000 livres. Les habitants de Montgon, Louvergny, Marquigny sont, de même, visités par eux.

(1 Charles-Claude-Antoine-Marie Barbin de Broyes, né à Autry (cant. de Monthois, Ardennes) le 1er février 1748, chevalier, seigneur d'Autry, Condé, Bouconville, Séchault et Massiges ; fils de Jean-Armand, chevalier, baron puis comte d'Autry, et de Louise de Mascrany. Épouse à Jandun, le 13 décembre 1783, Marie-Louise-Elisabeth du Han, fille unique de Jean-Louis du Han, comte de Jandun, ancien lieutenant-colonel du régiment d'infanterie de Jametz, chevalier de Saint-Louis, et de Marie-Françoise Duchesne de Ruville Mort sous la Restauration.
Armes : d'azur, au chevron d'or, accompagné en chef de deux roses d'argent et en pointe d'un lion d'or.
(2 Vienne-la-Ville et Servon, c. de Ville-sur-Tourbe (Marne).
(3) Le comte d'Artois se plaignit, à diverses reprises, des vexations subies par la noblesse. Le roi Frédéric-Guillaume lui adressa, chaque fois, une réponse polie mais évasive, disant qu'il ne pouvait exposer la vie de ses sujets et qu'il était forcé de surseoir à la menace de représailles.
P. BONNEFON, Souvenirs et Mémoires, II, 439.
(4) Archives de la Guerre, Fortair à Dumouriez, Rethel, 27 septembre.

Déjà la colonne partie de Manre avait fait des réquisitions à Liry, Marvaux, Mont-Saint-Martin et Saint-Morel (1).

Leurs éclaireurs vont dans les cantons de Bourcq et d'Attigny, jusqu'à Chuffilly, Rilly-Semuy, Sainte-Vaubourg et Charbogne. La commune de Chuffilly fournit aux gardes du corps, cantonnés à Grivy et à Chardeny, du pain, des moutons, des vaches, que les habitants doivent conduire à Chatillon et à Brieulles-sur-Bar ; celle de Charbogne les approvisionne de 2.000 livres de pain qu'on amène à Vrizy (2).

Enfin, le 3 octobre, le duc de Brunswick envoie de Termes Monsieur de Maleyssie à Vouziers, porter aux Princes l'ordre de la retraite totale de France et de la marche qu'ils doivent suivre (3). Ce nouveau message met le comble à leur douleur. Cette fois, tout espoir est bien perdu. On se hâte de faire partir les équipages par Buzancy et Stenay.

*
* *

Le 4 octobre, quatre émigrés, des chasseurs impériaux russes, qui avaient pris part à l'affaire de Voncq, quittent la colonne à Bourcq et se dirigent sur Rethel. C'étaient : René Devaux, de Maubeuge ; J.-B. Ducellier, de Fère-en-Tardenois ; Jacques Cottier, de Meaux, et l'aide chirurgien J.-B. Bonneville, de Carignan. Ils sont arrêtés à Ville-sur-Retourne et conduits par les gardes nationaux d'Annelles, qui poussaient une reconnaissance vers Vouziers (4).

Déjà le général Chazot était à Rethel et, avec lui, les volontaires des bataillons parisiens « Républicain » et « Bon Conseil » (Mauconseil). Ces fédérés étaient des hommes turbulents, indisciplinés, d'un mauvais esprit et d'une exigence extrême. Ils étaient l'effroi des citoyens. Ils s'étaient déjà livrés au pillage du marché, de l'hôtel de ville, de l'église ; ils menaçaient même les membres du district et de la municipalité ; et ce n'est qu'au péril de ses jours que le maire Landragin put sauver la ville de leurs exactions et de leurs forfaits.

Le bataillon Républicain avait pour chef Palloy, l'un des vainqueurs de la Bastille ; c'était un exalté. Il entreprit de démolir la vieille forteresse, en fit exécuter une maquette en plâtre et en

(1) Neuville-Day et Marquigny, canton de Tourteron. — Montgon et Louvergny, canton du Chesne — Manre, Liry, Marvaux, Mont-Saint-Martin, Saint-Morel, canton de Monthois (Ard.).
(2) Chuffilly, Rilly-Semuy, Sainte-Vaubourg et Charbogne, canton d'Attigny. — Châtillon et Brieulles, canton du Chesne (Ardennes).
Pièces justificatives, XI.
(3) Termes, canton de Grandpré (Ardennes).
(4) Ville-sur-Retourne et Annelles, canton de Juniville (Ardennes).

envoya un exemplaire dans les départements ; il en existe un aux archives de Mézières. Le Conseil général des Ardennes lui vota une indemnité de 600 livres le 28 novembre 1791 : il répondit que son civisme était au-dessus de l'intérêt (1).

Arrivés à Rethel, les quatre déserteurs demandent à être présentés à la municipalité ; ils veulent abandonner la cause royaliste pour servir la République. Trois d'entre eux signent sur-le-champ un engagement au 10e dragons, ci-devant Mestre-de-camp, en garnison à Rocroi. Puis ils vont loger à l'auberge de la Tête-d'Or.

Dans la nuit qui suivit, les volontaires, attablés à la Tête-d'Or, faisaient un vacarme infernal et brisaient les meubles. L'aubergiste alla, vers deux heures du matin, au corps de garde et réclama du secours. Palloy revint avec lui et rétablit à grand'peine l'ordre dans l'auberge.

L'un des quatre émigrés était assis au coin du feu. Palloy l'interroge ; il avoue qu'il appartient au régiment des chasseurs de l'armée royale, qu'il s'est laissé entraîner par son capitaine, mais que, revenu de son erreur, il s'est échappé de Vouziers, profitant du désarroi de la retraite, pour rentrer au service de la Patrie et s'engager au 10e dragons. Palloy l'invective et les volontaires, très surexcités, s'apprêtent à lui couper la tête. L'aubergiste et les siens cherchent à les calmer et sont maltraités. Enfin, Palloy décide que le déserteur sera conduit au corps de garde, pour comparaître le matin devant Chazot. Mais ils apprennent que trois autres déserteurs sont avec lui : cela met le comble à leur fureur ; ils veulent aussi tuer l'aubergiste à coups de sabre, sous prétexte qu'il cache des aristocrates ; il doit, pour sauver sa vie, livrer ces malheureux : ils sont arrachés de leur lit, liés ensemble et conduits au corps de garde à quatre heures du matin. En chemin, ils sont injuriés et frappés brutalement ; les fédérés réclament de nouveau leur tête à cor et à cri. Palloy les arrête en leur disant que la peine capitale doit leur être infligée en présence des quatre bataillons. Cependant il eut, pour ces émigrés, des phrases révoltantes : « J'ai promis, leur dit-il, d'envoyer quatre têtes d'émigrés à Paris, j'y enverrai les quatre vôtres cachetées, dans des boîtes de plomb, avec de l'eau-de-vie ». Les mêmes persécutions redoublent au corps de garde ; on leur coupe les cheveux avec un sabre.

Chazot est averti à sept heures du matin. Il envoie au corps de garde l'adjoint Jarry et donne l'ordre de conduire les déserteurs en prison,

(1) P. LAURENT, La Bastille et le Patriote Palloy, Reims, 1889, plaquette de 10 pp.

pour les soustraire à la fureur des volontaires ; mais ceux-ci arrivent
en foule et traînent les émigrés jusqu'à la demeure du général.

Chazot fait sonner le rassemblement. Il reproche avec véhémence
aux volontaires leur indiscipline et leurs violences, et il ordonne à
nouveau, au nom de la loi, de mener ces déserteurs en prison,
menaçant les révoltés de les dénoncer à Dumouriez et à la Convention : ses ordres sont méconnus. Il cherche à réveiller en eux des
sentiments d'humanité et de justice ; il allègue qu'il faut les diriger
sur Mézières, pour y être jugés par le conseil de guerre ; ces
forcenés ne l'écoutent pas ; ils ne le respectent même plus ; ils
exigent qu'on juge les prisonniers sur-le-champ ; ils se vantent
qu'au besoin « leur jugement sera au bout de leur sabre » et qu'ils
auront la tête des émigrés — ou celle du général ! Palloy se jette
au milieu d'eux et leur ordonne d'obéir : il n'est pas plus écouté
et doit se retirer, ainsi que Chazot, dont la vie est menacée.

Alors les volontaires, toujours plus exaltés, font irruption dans
la maison du général, malgré la garde, malgré deux officiers
municipaux en écharpe ; ils s'emparent des quatre déserteurs et
les conduisent en vociférant sur la place de l'Hôtel de Ville, où la
foule se fait légion — c'était jour de marché. Là encore la municipalité fait des efforts surhumains pour calmer leur fureur, leur
disant que ces hommes doivent être jugés, selon la loi, par le
conseil de guerre. Mais les hurlements, les cris de rage redoublent,
ils se précipitent sur les émigrés et les massacrent ! Puis, leur
forfait achevé, ils dansent une ronde furieuse autour des cadavres,
en chantant : « Voilà comme il faut traiter les aristocrates ! »

Dumouriez, en arrivant à Vouziers, écrivit à Beurnonville de
rassembler les fédérés du bataillon de la République à Launois et
de leur faire déposer les armes. Neuf coupables furent garrottés et
conduits à Paris ; les autres furent licenciés ; on leur enleva leur
drapeau pour le remettre en des mains plus dignes.

Sans doute nombreux furent les volontaires qui rougirent de ce
sang versé. Quelques-uns cherchèrent en vain des citoyens pour
témoigner en leur faveur. Palloy lui-même fit entendre une tardive
protestation. La section de Bon Conseil désarmée, envoyée en
punition dans les villages de Tournes, Houldizy et Damouzy, près
de Charleville, fit adresser, par les commissaires Gateau et Dela
croix, un long réquisitoire à Pache, ministre de la Guerre : ils
protestaient, eux aussi, de leur innocence ; ils accusaient la foule
tout entière, civils et militaires, alors en insurrection, d'avoir

immolé les émigrés à la fureur du peuple ; ils accusaient surtout Chazot, qui avait les volontaires en haine, d'avoir manqué d'énergie, ainsi que la municipalité de Rethel (1).

A la Convention, Marat approuva les assassins et voulut leur faire décerner une couronne civique, malgré les paroles émues de Mennesson, député de Rethel. Après de vifs débats dans la presse et à la tribune (18 décembre 1792), on finit par pardonner aux coupables et aux bataillons révoltés, qui rentrèrent dans le rang (2).

* *
*

Il est grand temps que les Emigrés quittent Vouziers. La position devient dangereuse; le peuple est de plus en plus exalté; on insulte les Princes, on jette des pierres aux vaincus. L'avant-garde de Dumouriez s'approche et ses lieutenants menacent de tous côtés l'armée noble. Les Patriotes viennent audacieusement fourrager aux portes de la ville, et malheur aux émigrés qui s'égarent !

* *
*

Les Princes, ayant reçu de Brunswick l'ordre de se retirer, avaient jugé prudent de faire partir les équipages en avant ; M. de la Rozière leur conseilla de les diriger rapidement sur Buzancy, sous la protection des Prussiens, tandis que l'armée passerait par Le Chesne. Ils traversèrent Vouziers et prirent la route de La Croix. Mais le manque de chevaux, les chemins affreux, les conducteurs infidèles, tout contribua à perdre les bagages : une partie fut abandonnée sur les routes, une autre partie fut pillée.

Près de La Croix, les habitants de Longwé s'armèrent de haches et, aidés de quelques hussards, prirent deux voitures remplies de portemanteaux et contenant le trésor des Princes. Le butin fut vendu plus tard à Vouziers : les gens de Longwé reçurent moitié de la prise, soit 12,000 livres.

Cependant, les Prussiens étaient partis le 4 octobre de Grandpré

---

(1) Lettre au citoyen Pache, ministre de la Guerre, 2 nov. 1792, manuscrit, 4 pp., collection de l'auteur.

(2) *Moniteur*, 11 octobre et 20 décembre 1792.

La Vérité sur les faits relatifs à l'assassinat de quatre déserteurs de l'armée prussienne, enrôlés à Rethel pour le service de la République. A Paris, de l'Imprimerie Nationale, 1792 Fonds Chéry-Pauffin, aux Archives municipales de Rethel).

PALLOY, 25 pièces manuscrites concernant les bataillons « le Républicain » et « le Mauconseil », dirigés par Palloy. Meurtres commis à Rethel par ces bataillons (Fonds Cunin-Gridaine. Bibl. municipale de Sedan, carton 3, liasse G T. G.).

MORTIMER TERNAUX, *Histoire de la Terreur*, Paris, 1862, T. IV, 563, 566.

Camille ROUSSET, *Les Volontaires de 1791-1794*, Paris, 1870.

CARNEL, *Essai sur Rethel*, 1891, p. 130 et 365.

CHASSIN et HENNET, *Les Volontaires nationaux pendant la Révolution*, I, 571.

pour Buzancy, où ils étaient vers dix heures du soir. Le roi était logé au château d'Augeard. Il écrivit plus tard au marquis de Buzancy pour lui dire combien il avait été enchanté d'habiter son superbe domaine (1). Le château avait deux ailes, une avenue bordée de grands arbres, et était meublé à la moderne. Le roi, dont l'armée s'émiettait, ne put empêcher ses soldats de piller autour de lui. Cette armée n'était plus que l'ombre d'elle-même : les malades tombaient par centaines et mouraient sur les routes, attaqués par les loups des Ardennes (comte de Neuilly). Et, dans tout le district de Grandpré, on pillait déjà les châteaux, on faisait main basse sur les récoltes et le mobilier des émigrés.

Le détachement de l'armée des Princes qui escortait les bagages marchait vers Buzancy ; mais les soldats prussiens ne respectaient même plus les émigrés. Un chevalier de Saint-Louis est poursuivi par deux hussards prussiens, qui lui prennent son fusil ; il s'en plaint à un officier prussien, qui répond : « C'est trop juste. » Il arrête les hussards, regarde le fusil et s'en empare ! (2).

Le général Valence, ayant appris que les Emigrés allaient à Buzancy, y envoya Poissonnier-Desperrières avec 800 grenadiers et le colonel Landremont qui commandait Schomberg (17e dragons), et quelques hussards. Patriotes et Emigrés furent aux prises pendant trois jours et deux nuits ; et, après diverses alternatives, la colonne des Emigrés fut battue ; il y eut 70 prisonniers ; on s'empara des bagages et de nombreux portemanteaux qui furent donnés aux soldats. Fort heureusement pour les vaincus, Poissonnier-Desperrières et Landremont étaient toujours royalistes. Ils firent sonner la trompette et demandèrent à échanger les prisonniers : on rendit la liberté aux émigrés et les royalistes renvoyèrent trois hommes qu'ils avaient pris. Ce ne fut que le 6 octobre que Valence, apprenant leur défaite, vint de Vouziers à Buzancy, ce qui n'empêcha pas les journaux de l'époque de lui attribuer l'honneur d'une victoire à laquelle il n'avait même pas assisté (3). Il fut rejoint à Buzancy par le duc de Chartres.

Le même jour, une troupe de hussards prussiens et de gardes du

(1) AUGEARD, Mémoires secrets. Paris, 1866.
Augeard (Jacques-Mathieu), fermier général, puis secrétaire des commandements de la Reine. Marquis de Buzancy. Bar et Harricourt ; émigra après la fuite de Varennes. Mort à Paris le 30 mars 1805. La famille royale, en quittant Paris, avait projeté d'abord de passer par Buzancy, et non par Varennes.

(2) Journal d'un officier de l'armée des Princes (Revue rétrospective de Cottin, 1886, t. IV, p. 19).

(3) POISSONNIER-DESPERRIÈRES. Vie politique et militaire, Paris, 1824.

corps accompagnaient un convoi de bagages près de Saint-Juvin. Ils furent attaqués par le 3ᵉ bataillon de volontaires des Ardennes, commandé par Rouveyre, et par Daugremont, colonel de dragons ; quelques hommes furent tués ; d'autres se constituèrent prisonniers. On leur prit deux voitures, dont une à Monsieur, et l'étendard de la 6ᵉ division des gardes du corps, qui, quelques jours plus tard, flottait à la fenêtre du château de Vouziers, où était Dumouriez ; ce drapeau fut envoyé comme trophée à la Convention, qui le fit brûler par la main du bourreau (1).

Les Prussiens avaient quitté Buzancy le matin du 6 octobre et campaient le soir sur les hauteurs entre Aincreville et Doulcon (2).

Les armées ne pouvaient plus vivre dans l'Argonne ; le pays était dévasté, comme si quelque fléau avait passé sur la contrée ; Attila n'avait pas accumulé plus de ruines. Dans les districts de Grandpré, Vouziers, Rethel, Sedan, des villages entiers étaient vides : mobilier, instruments agricoles, récoltes, bestiaux, tout avait disparu, tout avait été gaspillé par les ennemis. Le peuple n'avait plus de pain, les cultivateurs étaient ruinés et ne pouvaient ensemencer leurs terres. Dans certains villages — Verpel, Briquenay, Champigneulles, Bouconville — on ramassait à la pelle le blé avec la boue. La dysenterie des armées gagnait les habitants ; l'Argonne était jonchée de cadavres d'animaux. Le seul district de Grandpré avait subi des pertes qui dépassaient trois millions de livres. L'aspect des villages était lugubre. La détresse des paysans égalait leur douleur. Et ils se demandaient, anxieux, qui allait leur tendre une main secourable (3).

SOURCES

Archives communales de Vouziers. Registre des délibérations de l'Assemblée municipale.

Thermomètre du jour, octobre-décembre 1792.

Annales politiques et littéraires, 1792, p. 1246.

Mémoires de Dumouriez (op. cit.).

Archives départementales des Ardennes, L, 632 et 636.

Brémont, *Journal du commissaire des guerres*, in *Revue historique des Ardennes*, de Sénemaud, 1864, I, 50.

Mortimer-Ternaux, *Histoire de la Terreur*, Paris, 1852, IV, notes.

Menu, *Les Émigrés à Vouziers*. Vouziers, 1882, plaquette de 23 pp.

Vincent, *Histoire de la ville de Vouziers*, Reims, 1902, in-8°, passim.

(1) *Moniteur* du 12 octobre 1792, n° 286, p. 182.
(2) Aincreville et Doulcon, canton de Dun-sur-Meuse.
(3) Pièces justificatives, XII.
Cf. *Projet de Mémoire et Pétition à la Convention Nationale*, par le citoyen Louis-François de Gentil, de Touilly, près Louvergny (Ardennes). Lu et accueilli par le département le 10 novembre 1792, l'an premier de la République, déposé sur le Bureau d'après son invitation. Plaquette de 6 pp., s. d.

XIII

L'EXODE

AFFAIRE DE SY — INCENDIE DE LA BESACE

Le 4 octobre, de bonne heure, les régiments, dispersés autour de Vouziers, rejoignent l'état-major. On prend la route du Chesne. Les hommes sont très abattus, les chevaux exténués, même ceux des princes.

Ils ont fait rétablir le pont sur l'Aisne. Les arbres coupés gisent encore sur la route. Il faut un temps infini pour avancer, surtout vers les bois de la Maison-Rouge. On atteint péniblement Le Chesne.

La veille, le détachement qui séjournait à Chatillon-sur-Bar avait apporté à Berthe, maire du Chesne, l'ordre de rassembler toutes les armes dans l'église, d'y joindre les cartouches et les habits des gardes nationaux, sous peine d'incendier le village. On alla jusqu'à exiger de chaque habitant une paire de pistolets de poche. Ces réquisitions furent envoyées au détachement, qui stationnait à la Croix-Hubert, près de Châtillon, et la Municipalité les accompagna jusqu'à Brieulles, où elle alla trouver les émigrés qui convoyaient les vivres. Le même jour, les gardes nationaux du voisinage offrirent au maire Berthe de se rassembler pour résister à l'armée noble. Berthe refusa, prétextant qu'il avait de meilleurs soldats qu'eux.

A son arrivée au Chesne, l'avant-garde des émigrés fait abattre l'arbre de la liberté et arborer le drapeau blanc sur le clocher ; on y attache une nappe blanche.

Le gros de l'armée continue sa route, laissant au Chesne une arrière-garde, sous les ordres du marquis de Jaucourt.

Les habitants ne montrent pas grand enthousiasme pour le drapeau de la monarchie et pour la personne des princes. On signale les deux frères Jamin, qui crièrent : « Vive M. le comte d'Artois ! » A l'aller, que ce soit fidélité, habitude ou crainte de représailles, on acclamait encore l'emblème de la monarchie ; on rencontrait encore des visages amis, des regards bienveillants ; au retour, on excite à peine la curiosité des paysans : la foi se meurt.

Aussi les Emigrés imposent de lourdes contributions et molestent les patriotes. Ils exigent qu'on leur remette les chevaux trouvés dans les écuries, estimés 3,254 livres. Ils font brûler les registres de la Municipalité. Le Chesne est, du reste, totalement épuisé, ainsi que les villages voisins.

De Jaucourt fait fouiller les environs par ses hussards. Les paysans les reçoivent à coups de fusil et les surveillent de près. Pendant leur séjour au Chesne, 25 hommes d'Ecordal vont bivouaquer et faire des feux sur la lisière des bois de l'abbaye de Longwé (1).

Après Le Chesne, les chemins sont moins défoncés. On suit la chaussée : c'est un tronçon de l'ancienne route romaine de Reims à Trèves, qu'on quittera à Stonne.

L'armée noble, toute meurtrie, est dans un état pitoyable. Les princes sont à cheval. Le comte de Provence précède l'état-major ; derrière lui chevauche le comte d'Artois, accompagné de ses deux fils et suivi du petit maréchal de Broglie. On reconnaît Monsieur à sa tête forte, à son profil bourbonien ; la courbe aquiline du nez et la lèvre inférieure un peu saillante rappellent les traits de la race. Son regard, mélancolique et sans vie, demeure obstinément fixé sur l'horizon des coteaux. Son visage traduit son anxiété : sans doute il songe au désastre de la monarchie et à l'avenir plein de deuil et d'effroi. Il a maigri, et sa lassitude profonde lui donne une expression de lourdeur un peu vulgaire. Il porte des épaulettes d'or. Sa taille épaisse est moulée dans un habit gris de fer, qui paraît étriqué.

On ne reconnaît plus les fringants gentilshommes d'antan, avec leurs habits mouchetés de boue, leur barbe broussailleuse, leurs moustaches hirsutes, leurs cheveux en désordre, leur face amaigrie et douloureuse. A leur entrée, ils chantaient encore des refrains joyeux, qui disaient l'allégresse de leur âme ; maintenant, une grande tristesse les étreint. On n'entend, dans la grande paix de la vallée, que le pas des chevaux qui martèlent le sol et, au loin, de

(1) *Mercure Universel*, t. 20, octobre 1792, p. 178.
Archives des Ardennes, série L, 636, 693. 694.
Le passage des émigrés au Chesne a coûté aux habitants 30,000 livres (Arch. Ard., L, 632).
Ecordal, canton de Tourteron (Ardennes).
Sur l'abbaye de Longwé, voir HAIZEAUX, *Notice sur l'abbaye de Longwé*, 1896.

tous côtés, les implacables appels du tocsin qui, avec une solennité triste, se répètent de clocher en clocher et font songer au glas de la monarchie.

Derrière eux, ils traînent un convoi sans fin de plus de neuf cents voitures, carrosses, chaises, cabriolets, où s'entassent les choses les plus disparates, où gisent les malades, où les éclopés gémissent et où râlent les agonisants, qui maculent d'écume rouge les véhicules. Les chevaux tombent à chaque instant et leurs cadavres jalonnent la route. Un âpre vent d'automne court sur cette lamentable procession, qui s'allonge sur la chaussée boueuse, sous un ciel chargé de nuages, semblable à une scène de Van der Meulen.

On avait rétabli le pont de Pont-Bar et abattu la redoute élevée par les gardes nationaux. Les pluies continuelles avaient grossi les eaux de la Bar, qui avaient envahi la prairie et charriaient les récoltes.

Près de là, M. de Caraman, avec la brigade Colonel-Général, quitte la colonne et vient s'installer à Tannay. Les habitants du village ne furent jamais compatissants pour les hommes de l'ancien régime. Déjà, lorsque les Chartreux du Mont-Dieu voulurent déménager leur mobilier, en novembre 1789, la milice bourgeoise du village s'empara de leur voiture, menaçant de mettre le couvent à feu et à sang (1).

Les têtes sont montées. Le village semble désert. Pas un murmure, pas un cri, mais un silence précurseur d'orage. Les hommes sont partis ; seuls, quelques vieillards, accablés d'années, restent avec les enfants. Les femmes travaillent aux besognes régulières.

Caraman fait abattre l'arbre de la liberté, devant la vieille église d'Adalbéron. Il réquisitionne tout le bétail. Il apprend bientôt, de sources diverses, que des troupes nombreuses sont rassemblées dans la forêt du Mont-Dieu, à une demi-lieue au-delà de Tannay.

Dumouriez avait donné à Myaczinski, qui commandait à Sedan, l'ordre d'inquiéter les Emigrés dans leur marche sur Stenay. Myaczinski prit le chemin de Sy, où il comptait trouver du froment, avec deux canons et deux escadrons de cavalerie. Il enjoignit à l'adjudant et au sous-adjudant de la 2e légion du district d'amener deux compagnies d'infanterie. Les gardes nationaux de Tannay et

(1) Al. BAUDON, Revue d'Ardenne et d'Argonne, mai-juin 1905.
Tannay, canton du Chesne. — Le Mont-Dieu, canton de Raucourt (Ardennes).
Les pertes de Tannay s'élèvent à 11,605 livres.

d'Artaise s'unissent à eux ; la petite troupe est échelonnée sur la lisière de la forêt du Mont-Dieu, principalement en face du bois du Faÿ (1). La route que suivent les Princes passe entre les deux bois : l'armée tombera fatalement dans le piège. Le pays boisé donne de grands avantages aux républicains sur une masse de cavalerie.

Caraman fait prudemment exécuter des reconnaissances. Un piquet de 50 maîtres est placé au-delà de Tannay, pour surveiller la forêt ; un autre piquet se tient prêt à toute éventualité. Les chevaux restent sellés et bridés. Il envoie prévenir le maréchal de Broglie, au château de Sy. La situation des princes peut devenir inquiétante, dangereuse même. Il réclame le secours de l'infanterie pour fouiller le bois avec la brigade Commissaire-Général. Broglie ne juge pas prudent d'attaquer la forêt ; il envoie cependant une compagnie de gentilshommes chasseurs, qui vient rejoindre le piquet. Ces hommes sont pleins de bonne volonté, mais la plupart manquent de fusils et de cartouches ; on trouve à peine douze carabines dans la brigade.

Transis sous la pluie, ils entrent cependant dans les chaumières, pour réchauffer, sous la haute cheminée, leurs membres endoloris. C'est en vain qu'ils cherchent à convaincre les paysans qu'ils viennent en amis : ils sentent, avec une amertume profonde, s'appesantir sur eux la haine des vieillards et le dur regard des jeunes filles.

Pendant toute la journée, on ne voit apparaître, sous les frondaisons, aucun uniforme patriote et briller aucune baïonnette. Mais le soir, quand la brume monta dans les grands chênes, des feux s'allumèrent nombreux sur la lisière de la forêt et vinrent révéler le danger qui menaçait.

Les femmes vont édifier les Patriotes sur les agissements des Emigrés. Inutile de les interroger ; elles sont discrètes comme des sépulcres et semblent déjà enthousiastes des idées nouvelles.

On se tient toute la nuit sur ses gardes.

Pendant ce temps, les Princes continuent leur chemin vers Sy (2). Du sommet de la colline ils aperçoivent, dans la vallée de l'Armoise, les tourelles imposantes du château. Ils passent devant la potence, qui dresse encore ses fourches patibulaires, vestiges de la justice féodale, puis à droite dévalent vers le village. La colline est drapée de vignes. Les paysans stupéfaits rentrent en hâte au logis. Les

1) Artaise, canton de Raucourt.
(2) Sy, canton du Chesne.

maisons sont silencieuses et closes ; derrière les fenêtres appa-
raissent des profils aux yeux apeurés. Les rares habitants qu'on
rencontre affectent une curiosité grave et recueillie.

Les régiments s'installent dans les maisons, dans les écuries,
dans les granges, sur la paille. Ils accablent les habitants de
réquisitions (pertes : 6,949 livres).

Les Princes et leur suite descendent le village et prennent à droite
l'avenue du château, que bordent, de chaque côté, des parterres
bien dessinés. Le marquis Frémin de Sy, et la marquise, fort jolie
femme, accueillent les Princes avec une émotion pieuse. Le marquis
de Sy faisait partie de l'armée noble et garda, surtout dans l'adversité, une fervente admiration pour le comte de Provence (1).

Sa demeure était un bon vieux castel, formidable et débonnaire,
qui avait encore grand air, avec ses quatre tours rondes, son pont-
levis et ses larges fossés, où pullulaient les joncs ; il avait été
détruit par l'armée hongroise de Rossen en 1552, puis reconstruit
par Adolphe des Lyons ; il portait toujours les balafres de l'artillerie
de Saint-Paul, maréchal de la Ligue, qui en fit le siège en mai
1589 (2).

Les grandes salles du rez-de-chaussée s'emplirent d'officiers.
Monsieur occupa la chambre du Roy.

L'envoyé de Caraman, révélant l'approche des Patriotes, vint
troubler leur quiétude. On envoya des hommes d'armes à cheval à

(1) Alexandre-César-Annibal Frémin, baron de Stonne, seigneur des Grandes-Armoises,
marquis de Sy, chevalier de Saint-Louis, maréchal de camp, naquit à Paris le 6 avril 1745.
Servit dans les mousquetaires jusqu'à leur suppression (15 décembre 1775), capitaine au
régiment de Dauphiné. Exilé à Londres, il aide l'abbé Delille, devenu aveugle. Rentré à
Sedan en 1814, suit le roi à Gand, revient à Paris avec Louis XVIII, se fixe à Corbeil, y
meurt sans postérité le 12 septembre 1821 ; fils de Messire Claude-René Frémin, chevalier,
gentilhomme espagnol, marquis de Sy (mort à 70 ans, le 3 décembre 1786) et de dame
Magdeleine-Françoise Ferrand. Epouse, le 31 janvier 1780, Marie-Magdeleine Toupiolle,
veuve en deuxièmes noces du chevalier Claude Mangot de Verrières ; arrêtée le 1 mai 1793,
elle meurt en prison à Bazancy.
Le marquis de Sy est l'auteur de nombreuses œuvres poétiques. Il aime à rappeler les
années passées au château de Sy : « Il ne m'en reste que le souvenir consolant du séjour
dont l'a honoré, le 4 octobre 1792, l'auguste famille des Bourbons. » Ailleurs il dit :

> *Je cherche dans les airs ces tours ambitieuses,*
> *Qui furent un moment heureuses*
> *D'être l'asile des Bourbons.*

(Trad. de *L'Art poétique d'Horace.* Epître dédicatoire au roi.)

(2) Il fut démoli en 1793. Parlant de ses tours, Frémin écrit :

> *Elles ont disparu. De leur ancienne place*
> *L'œil à peine distingue une légère trace ;*
> *Seulement, mes fossés, en marais convertis,*
> *De leur masse écroulée, offrent quelques débris !*

Les ruines elles-mêmes n'ont pas trouvé grâce devant la pioche des démolisseurs. *Ipsæ
periere ruinæ.*

Stonne et aux Grandes-Armoises : ils furent attaqués à coups de fusil (1). Et le régiment de Berwick, chargé de la garde des Princes, n'arrivait pas ! Heureusement, M. de Rouault suivait les Princes, avec sa brigade, qui s'installa sur les glacis, dans les parterres et la basse-cour ; elle passa la nuit au bivouac, pour couvrir le quartier-général et veiller sur le château de Sy, qui, sans elle, était à la merci des Patriotes.

On redoubla de vigilance aux avant-postes, et on éteignit les feux. La situation restait toujours inquiétante. Mais le régiment de Berwick, si impatiemment attendu, arriva enfin après onze heures. Avec lui renaissaient le calme et la sécurité. Tous ces hommes, harassés de fatigue, purent prendre un peu de repos. Et on n'entendit plus, autour du château, dans le silence de la nuit, que l'importune lamentation des rainettes.

*
* *

Le 5 octobre, à cinq heures du matin, le marquis de Jaucourt quittait Le Chesne. Il y laissait des vivres et quatre pièces de vin. Une vingtaine d'hommes, exténués, ne sachant où aller, abandonnèrent l'armée. Ils furent pris par l'avant-garde de Kellermann, qui était au Chesne le 10 octobre. Parmi eux se trouvaient trois émigrés de distinction : Ch.-Hyacinthe-Laurent Bernage, de Versailles, garde du corps ; Emery-Louis-Charles Godefroy, dit Mingré, lieutenant de vaisseau, et Jean de Béon, gentilhomme limousin (2).

A Tannay, Caraman avait donné l'ordre d'être à cheval à cinq heures du matin. Le temps est pitoyable. Les trompettes sonnent le réveil tardivement et la brigade ne s'ébranle qu'à six heures. A peine a-t-on fait un quart de lieue qu'on entend le canon ! Caraman se porte rapidement en avant : il aperçoit à une demi-lieue, entre la forêt et la route, un corps d'infanterie des Patriotes, soutenu par de la cavalerie et de l'artillerie.

On se prépare en silence, les manteaux sont pliés, on part au trot et on se jette à gauche sur la hauteur qui domine la ferme de Nosciève. En un instant, la brigade se forme en bataille, avec une précision parfaite (3).

(1) Stonne, canton de Raucourt. — Grandes-Armoises, canton du Chesne (Ardennes).
(2) Mercure français, octobre 1792, p. 295.
(3) D'Espinchal, manuscrit cité. — Archives municipales de Tannay. Nosciève, commune du Mont-Dieu (Ardennes).

L'avant-garde — compagnies rouges et gendarmes — était également partie de Sy à la même heure, allant préparer les logements. Le village émergeait à peine des ténèbres. Elle était suivie de voitures sans nombre qui allaient silencieuses comme à des funérailles. Elle arrivait au bois du Faÿ lorsqu'on entendit le canon. Ce fut comme un coup de foudre : un frisson passa sur les émigrés. Mais les boulets sifflaient au-dessus de leurs têtes ou entre les escadrons et ne blessaient aucun homme ; trois chevaux furent tués et trois gardes du corps culbutés. Puis ce fut une fusillade ininterrompue qui n'atteignit personne. Le chapeau d'un domestique de M. d'Ambly fut troué.

Les patriotes attaquaient, embusqués dans la forêt du Mont-Dieu et cachés par une proéminence de terrain qui les séparait de la route. Mais les canonniers étaient exercés depuis peu et étaient incapables de se servir de leur pièce. Louis Combes, leur lieutenant, donna l'ordre au sergent-major de rectifier le tir, et celui-ci visa une calèche armoriée, qui fut coupée en deux : c'était l'équipage du comte d'Artois, qui fort heureusement venait de s'éloigner.

Les régiments avaient rapidement quitté Sy et montaient le coteau à vive allure, rejoignant l'arrière-garde. Les princes arrivaient se mettre à leur tête, armés de leur carabine. Le comte d'Artois arbore son cordon bleu ; Angoulême et Berry ne peuvent contenir leur joie, espérant prendre part à la fête. Monsieur témoigne à tous ses regrets de la retraite précipitée et de l'impossibilité de se mesurer avec les ennemis. Une joie grave étreint les âmes. Le sort en est jeté : on va donc enfin se battre, se venger de Valmy, se venger surtout de tous les affronts, de toutes les humiliations. C'est comme une trouée de lumière dans la tristesse de leur exode.

Caraman combine ses mouvements avec ceux du maréchal de Broglie. Les premières compagnies se mettent en bataille. D'Autichamp profite d'un pli de terrain qui masque ses hommes et va tomber sur le dos des Patriotes avec le régiment de Berwick, les gendarmes et l'escadron de Chamborant et de Lauzun. Mais les vedettes de Myaczinski s'aperçoivent à temps de la manœuvre et, malgré l'impétuosité de la charge, les Patriotes peuvent s'enfuir dans la forêt avec leurs canons.

Ils furent poursuivis par le régiment de Berwick et des détachements de Retz, de Dillon et de Walsch ; quelques patriotes furent tués, on en sabra une cinquantaine, trente furent faits prisonniers, et, parmi eux, le commandant du bataillon de Sedan et un chevalier de Saint-Louis, qui cachait sa croix et qui fut attaché sur une charrette (1).

Ici se place un incident qui fut gros de conséquences pour nos villages. Le jeune chevalier de la Porte, aide de camp du marquis d'Autichamp, ramenait un prisonnier et menaçait de le sabrer. Cet homme tombe à genoux et lui demande la vie ; de la Porte le laisse et oublie de le désarmer, mais comme il s'éloigne, allant à d'autres occupations, le patriote se relève et le tue d'un coup de fusil dans le dos. L'adjudant-major Du Fay, qui était près de là, vengea le chevalier en tuant le meurtrier. Le marquis d'Autichamp fut au désespoir de cette scène et ordonna de tirer sans quartier sur tous les gardes nationaux.

Ce fut, en somme, la seule affaire à laquelle aient pris part les Emigrés, la seule occasion qu'ait eue de se mesurer cette armée qui avait coûté des sommes fabuleuses et qui se croyait destinée à d'autres gestes (2).

Si Myackzinski n'avait pas laissé allumer des feux à la lisière des bois et donné l'éveil aux Emigrés ; s'il avait attaqué le château de Sy avant l'arrivée du régiment de Berwick, les Princes, qui ne se sont jamais doutés du danger, eussent été faits prisonniers avec leur garde et emmenés à Sedan. Et s'il avait mis moins de précipitation à attaquer leur avant-garde, il pouvait leur faire beaucoup de mal (3).

Les Emigrés craignaient toujours l'arrivée de l'avant-garde de Dumouriez. Aussi, au lieu de poursuivre leurs ennemis, ils jugèrent prudent de continuer leur route. Ils traversèrent les Grandes-Armoises sans s'arrêter et montèrent en colonne serrée et par pelotons, en observant le plus grand ordre, jusqu'au sommet de la colline de Stonne.

---

(1) De Contades l'appelle de Faix (?) ; c'était, dit-il, un gentilhomme du pays, officier fort distingué, qui avait fait la guerre d'Amérique et qui avait armé ses hommes dans la crainte du pillage.

Les Patriotes donnent un autre résultat ; selon eux, Myaczinski aurait tué « quarante à quarante-trois » émigrés et fait sa retraite sans perdre un homme (Arch. des Ardennes, district de Sedan, *Correspondance*, L, 578).

(2) L'armée des Princes a coûté, en 1792, la somme de 26,510,796 fr. 77, sur laquelle leur maison figure pour 1,312,741 francs (Arch. Nat., O^3 2603).

(3) D'ESPINCHAL, *loc. cit.*
Revue Rétrospective : *Journal d'un Officier de l'armée des Princes*, IV, 28.
Comte DE MÉNARD, *Souvenirs intimes*, Paris. 1884.
Baron DE CHOSSARD, *Mémoires*, 13-14.
DE CONTADES, *Mémoires*, 80-81.
MARCILLAC, *loc. cit.*, 112.
DE NEUILLY, *loc. cit.*, 51.
Ch. PILARD, *Sedan sous la première Révolution*, 4e période, p. 24.

Devant eux, c'était un cirque de forêts, dont l'automne cuivrait les frondaisons. Le voisinage du bois de Raucourt les inquiéta surtout. Ils firent halte et envoyèrent en reconnaissance un sieur Jacotin, de Stonne : moyennant quelques louis, il leur apprit, après avoir pénétré dans les taillis, qu'une foule de gardes nationaux de Raucourt, de Haraucourt et de La Besace, étaient en embuscade, armés de fusils, mais qu'ils n'avaient pas de canon.

Ces hommes surveillaient la route depuis des semaines. Le 14 septembre, on leur avait dit que l'ennemi était à Mouzon : ils se présentèrent en armes, drapeaux en tête, pour défendre Sedan. Le 15, ils avaient fait prisonnier un soldat autrichien de passage, Jean Hindremers : le 24, ils s'étaient emparés de trois vivandiers autrichiens et de deux pièces d'eau-de-vie qu'ils conduisaient. Le 4 octobre, ils avaient tué l'émigré Landragin, de Charleville, ancien valet de garde-robe du comte d'Artois et qui était porteur d'un passeport des Princes.

L'armée noble prit le chemin de La Besace et essuya le feu des gardes nationaux ; une lutte violente s'engagea dans le bois de Raucourt, où le maréchal de Broglie lança la brigade irlandaise et les gardes du corps démontés. Ils tombèrent également sur les miliciens près de la ferme de Haptout ; ils sabrèrent une vingtaine d'hommes, ils tuèrent cinq gardes nationaux et le porte-drapeau Claude-Noël Gérard, de Haraucourt. Ils emmenèrent des prisonniers (1).

Cette nouvelle résistance exaspéra d'Autichamp, qui ordonna de mettre le feu au village de La Besace. Le royaliste se vengeait, le soldat n'avait plus de pitié ; les vaincus ont de ces faiblesses.

Les hussards de l'avant-garde, cachés dans la tranchée de Stonne, partirent au triple galop pour exécuter cette triste besogne. Et, en descendant la colline, l'armée voyait les flammes accomplir leur œuvre vengeresse ; beaucoup d'âmes généreuses protestèrent contre cette barbarie, qui confondait aveuglément innocents et coupables.

Le maréchal de Broglie mit l'armée en bataille devant les maisons en feu. Les malheureux habitants s'étaient enfuis dans les bois. Quelques familles avaient voulu rester, tremblantes, espérant sauver les débris du désastre. Leur douleur faisait pitié : elles contemplaient ces ruines avec des yeux hagards, des yeux fous. Pas un cri n'osa s'élever, le feu dévorait le village sans qu'on

(1) La Besace, Haraucourt, Haptout et Haymoy, canton de Raucourt (Ardennes).

n'entendit d'autre bruit que le craquement sinistre des charpentes ou des toits qui s'effondraient ; leur désespoir redoublait quand la colonne de fumée, chassée par le vent, laissait voir les chambres béantes, où les pauvres vieux meubles flambaient, où tombait le ménager familial avec ses faïences des Islettes ; quand les récoltes, consumées par la fournaise, étaient emportées par la rafale. Le dur labeur d'années nombreuses s'en allait en poussière stérile.

Le village entier n'était plus que débris fumants. Lorsqu'une chaumière s'entêtait à résister aux flammes, d'Autichamp, par un raffinement de cruauté, envoyait les gendarmes réveiller le brasier.

Un homme, qui voulut protester, fut tué, laissant une veuve et des orphelins ; quatre autres villageois furent blessés ; d'autres enfin emmenés prisonniers. On enleva les fourrages et les vivres que l'incendie avait oubliés.

Puis ils envoyèrent un détachement dans le village de Flaba, qui subit le même traitement que La Besace (1). Un homme y fut également mis à mort, un autre blessé, deux faits prisonniers. Au retour, ils assouvirent encore leur vengeance sur les fermes de Haymoy ; ils s'emparèrent des bestiaux et brûlèrent les maisons des familles Castry et Petitjean.

L'armée fut unanime à blâmer cette cruauté. « Les cendres parlent, écrivait M. de Contades, et mille familles, réduites par vous à la mendicité, vont publier votre barbarie dans toute la France : vous ne laisserez sur cette terre, à laquelle nous venions rendre le bonheur et la paix, que des traces de sang et de dévastation. » (2)

De Contades avait raison. Ces actes inhumains achevèrent de les rendre odieux. On les considéra comme des « tigres dévorants, altérés du sang de leurs concitoyens ». Et chaque fois qu'ils vont en trouver l'occasion, les paysans se vengeront cruellement.

Les Emigrés continuent leur marche vers Beaumont. Un enfant du pays, Jean Munot, trop jeune pour être admis aux volontaires, les voyant à la lisière de la forêt, s'empare d'un tambour et bat la générale, mais il est pris par les hussards. Il s'échappa à Stenay (3).

Sans doute les habitants de Beaumont étaient édifiés sur le désastre de La Besace, car ils affectèrent d'arborer la cocarde

(1) Flaba, canton de Raucourt.
(2) Arch. départ., district de Sedan, *Correspondance*, série L, 578.
Id., *Comité de Surveillance*, Raucourt, série L., 709.
SÉCHERET-CELLIER, *Études historiques sur Raucourt et Haraucourt*, Sedan, 1896, p. 169.
(3) *Le Petit Ardennais*, 14 juin 1911.

blanche ; le drapeau blanc flottait au clocher ; ils avaient même
préparé des vivres en abondance, viande et pain. Les Emigrés ne
furent pas peu surpris d'un semblable accueil et en profitèrent
largement. Il y avait de longs jours qu'ils ne connaissaient plus ni
soupe fumante, ni logis hospitalier.

On arriva par un temps affreux à la porte de Stenay, où
commandait le marquis de Lusignan.

L'arrière-garde, déjà pillée dans les bois du Dieulet, s'établit à
La Neuville-devant-Stenay, en attendant les bagages, perdus en
partie. Seuls les généraux y trouvèrent un logement ; trois compagnies ne savaient où faire la soupe. Jamais ils n'avaient senti le
danger si menaçant. Une charrette renversée sur le pont leur eût
ôté toute possibilité de retraite, et les Patriotes étaient près de là,
à Buzancy, sous les ordres de Poissonnier-Desperrières. Aussi de
Jaucourt commanda-t-il de partir le lendemain. Cependant il fallut
faire des achats de grains et des réquisitions dans les villages,
déjà accablés de contributions et ruinés par les passages des
armées (1). Et Ligniville, gouverneur de Montmédy, avait donné
l'ordre formel de repousser, par toutes les armes, d'égorger même
ceux qui venaient enlever les subsistances.

Le pont de Stenay et les rues de la petite ville sont obstrués par
les équipages et les voitures du quartier général. On y voit même
quantité de bagages pris par les Prussiens qui, jusqu'ici, semblaient
protéger l'armée contre les embûches des paysans ; mais maintenant ils les volent et ne leur font plus aucune grâce. Le comte
François d'Erlach dut les menacer de faire feu sur eux s'ils approchaient des voitures.

Ils reçoivent l'ordre d'aller jusqu'à Lion-devant-Dun (2). On ne
peut entrer dans Stenay, il faut tourner la ville. On cherche les
chemins les plus courts et on tombe dans des marais épouvantables,
dont la traversée achève de harasser les chevaux ; les pauvres bêtes
étaient sellées depuis trente-six heures et marchaient depuis cinq
heures du matin. Les hommes aussi étaient épuisés de fatigue. Ils
allaient silencieux, tête baissée, le visage ravagé par le chagrin. Ils
tombaient en grand nombre sur la route et se laissaient prendre
comme des moutons. Les oiseaux de proie les plus redoutables
étaient les vivandières et les filles de joie.

(1 DE CONTADES, loc. cit. — Arch. nat., G³ 2598.
A la fin de septembre, il n'y avait plus ni chevaux pour la culture, ni grain pour ensemencer, ni pain pour se nourrir (Courrier des 83 départements, XII, 259).
(2 Lion, canton de Dun (Meuse).

Enfin, on arrive le soir à Lion. Le village entre dans l'ombre et la montagne de Saint-Germain semble l'opprimer de sa masse.

On n'a préparé aucun logement. La brigade Commissaire-général occupe d'abord le village ; on attend pendant deux heures, et ce n'est qu'à neuf heures qu'on pénètre dans les rues. Le désordre y crée une bagarre générale et c'est avec une peine infinie qu'on trouve un logement dans l'obscurité. On couche où on peut, surtout dans les granges et les greniers.

Les équipages arrivent fort tard, et les officiers ne peuvent reconnaître leurs bagages ; beaucoup de voitures sont pillées ; d'autres sont restées en chemin, dans les ornières profondes ou abandonnées après la mort des chevaux ; elles sont devenues la proie des hussards prussiens, autrichiens ou hessois, plus à craindre encore que les Patriotes.

Le 6 et le 7 octobre, la petite armée, réduite par les désertions, décimée par les maladies, séjourne à Lion, sur la rive droite de la Meuse. Elle a grand besoin de repos. Les gendarmes, qui étaient à Dun depuis le 17 septembre, rejoignent la colonne.

Le ciel en deuil continue à les inonder. Le vent souffle avec rage ; ils sont gelés sous la tente. Ils pataugent dans une boue liquide ; les uniformes sont loqueteux. Ils vont sur la route de Dun et aperçoivent l'armée prussienne qui, partie de Buzancy, a dressé ses tentes sur les hauteurs de Doulcon, à gauche de la Meuse (1) ; les soldats de Frédéric-Guillaume sont aussi dans un délabrement effroyable ; les malades ne se comptent plus ; ils ont semé sur les chemins les mourants, les éclopés qui ne peuvent suivre la colonne.

Le roi de Prusse est à Dun le 6 avec son état-major et va prendre le chemin de Verdun. Les Émigrés vont voir le prince royal et lui reprochent de ne pas avoir livré bataille après Valmy. Il leur répond amèrement : « Avez-vous tenu ce que vous aviez promis et notre armée devait-elle se sacrifier pour vous ? » Les Prussiens manifestent hautement leur aversion pour les Princes et les Émigrés ; quelques jours plus tard, devant Galbaud, le duc de Brunswick chassait le maréchal de camp Klinglin, qui portait la cocarde blanche : « Voilà comme je traite les Émigrés, lui dit-il ; je n'ai jamais aimé les traîtres ; faites d'eux ce que vous voudrez ; peu m'importe ! »

Leurs soldats se vengent de leur défaite et pillent la demeure des paysans. Ils volent le linge, les meubles, les portes même. Ils

---

(1) Doulcon, canton de Dun (Meuse).

démolissent les maisons pour en brûler les solives ; chaque
bivouac a des poutres au milieu de son feu, dont la flamme, claire
et vive, monte vers le ciel comme celle d'un holocauste (P. Dardene) ;
ils ne laissent au villageois que ce qu'il a sur le dos.

A Dun, on n'entend plus parler français, et c'est partout les sons
gutturaux de l'idiome allemand.

Les officiers exigent, pistolet sous la gorge, qu'on leur donne du
pain, de la viande ; ils ne veulent ni eau, ni légumes ; ils lampent
d'un trait de grands verres d'eau-de-vie, et ils profitent des rapines
de leurs hommes. Ceux-ci s'emparent même du mobilier des
ouvriers. On conseillait à un pauvre diable, dépouillé de tout, de
porter ses doléances au prince qui commandait le régiment ; il met
ses bons souliers et sa blouse ; il rencontre deux Prussiens qui
l'arrêtent et changent leurs savates contre ses chaussures neuves. Le
maire l'engage à aller quand même se plaindre au prince ; il répond
tristement : « Il me prendrait peut-être ma glaude (blouse). » (1)

En dépit des fatalités, les Emigrés gardent encore quelque espoir
et se laissent prendre aux faux bruits. On leur raconte à Lion que
80,000 Patriotes ont capitulé et cette nouvelle les comble momentanément de joie.

Cependant il faut songer au départ. Ils ne peuvent trouver
quelques chariots pour leurs bagages, et force leur est d'abandonner leurs portemanteaux. Les équipages ne peuvent les suivre
dans les boues de la Woëvre et doivent retourner par Stenay.

Le 8 octobre, on quitte Lion-devant-Dun et on se dirige vers
Marville, à travers la forêt de Woëvre (2). La pluie a continué ses
ravages la nuit, inondant la plaine, ravinant les chemins qu'il
n'est plus possible de suivre ; elle cesse le matin et les deux
brigades partent au petit jour.

Partout on redoute le guet-apens : le péril monte chaque jour
autour d'eux. On les prévient que la garnison de Montmédy fait de
fréquentes sorties et va peut-être les attaquer ; elle est surtout
composée de volontaires très exaltés. On craint de voir un fusil
sous chaque buisson d'épine, dans le creux du ravin, derrière la
haie de troène.

En avant marchent cinquante guides, qui leur font prendre des
sentiers perdus dans la forêt. La plupart du temps, il faut défiler
un à un. On est inondé par l'eau glaciale qui tombe des frondai-

(1) GRANDIN, Les Prussiens en France en 1792, Paris, 1892, p. 273.
(2) Marville, canton de Montmédy (Meuse).

sons, secouées par la rafale. Hommes et chevaux glissent dans les fossés, dans les cloaques où stagne la pluie ; ils glissent sur les feuilles mortes, que l'automne arrache aux arbres. Si une centaine de chasseurs ennemis les avait attendus, au sortir du bois, près de l'abbaye de Juvigny, ils auraient tous été exterminés, sans pouvoir se défendre (1).

Après trois heures d'une marche harassante, on sort enfin de la forêt. On se dirige sur Juvigny, et il faut encore reprendre, dans une effroyable cohue d'hommes et de chevaux, les chemins troués d'ornières profondes.

Du ciel, chargé de brumes, tombent toutes les mélancolies de l'automne. On va lentement, comme à des funérailles, à cause des malades entassés sur les voitures, et il faut s'arrêter des heures entières dans les fondrières. Ce n'est plus une retraite, c'est la déroute dans toute son horreur, comme au soir d'une désastreuse bataille, et le spectacle en est lugubre.

Les fossés regorgent de chevaux morts, à demi mangés, gisant près des affûts de canons brisés, abandonnés. Sur les bords de la route, dans la boue qui leur sert de linceul, derrière les buissons qui les cachent à peine, semblent dormir des soldats morts, que les maraudeurs viennent dépouiller de leurs vêtements. Dans ce foyer de pestilence, sont couchés pêle-mêle les moribonds, tous ceux que terrassent la faim, la lassitude et la dysenterie. Emigrés et Autrichiens confondent leurs douloureux gémissements et leur dernier soupir, et attendent la mort libératrice. A chaque instant tombent, dans cette horrible géhenne, ceux que brûle la fièvre; incapables de suivre leurs frères d'armes : ce sont les blessés des hôpitaux de Verdun qui fuient la guillotine. Et les très vieux, accablés d'années, succombant à la faim, au désespoir, viennent s'affaler dans le sillon, et — songeant aux caresses dont les entouraient les absentes, pensant à la chapelle castrale où les aïeux dorment leur bon sommeil — ils achèvent de mourir.

L'instinct de la conservation étouffe toute pitié. On ne pense qu'à soi. Ils deviennent d'une inhumanité révoltante. Quand ils jugent que l'un d'eux ne peut en revenir, ils le jettent par dessus bord, dans le champ voisin, traitant un soldat malade comme un cheval trop blessé pour rendre service (ERASME DE CONTADES). Il y eut, dans les charrettes, des morts silencieuses.

(1) Juvigny, canton de Montmédy (Meuse).

Les plus robustes se roidissent contre l'adversité. L'automne humide endolorit leurs membres et la marche devient un supplice. Ils auraient donné leur vie pour un fétu ; ils aimaient autant retourner en France et braver la guillotine que mourir de faim dans ces champs désolés. C'étaient des spectres plutôt que des hommes ; ils allaient, loques fouettées du vent, pâles, décharnés, le regard vidé d'espérance, les habits souillés de fange, les genoux trouant les pantalons rapiécés.

Derrière eux, sur des véhicules bizarres, hétéroclites, des toiles loqueteuses abritent les malades, dont la plainte va à l'âme. Et au loin, de tous côtés, appelant à la curée les paysans révoltés, les cloches sonnent sans discontinuer leur glas lugubre et entêté.

On marche depuis la pointe du jour jusque fort avant dans la nuit, et on fait à peine deux ou trois lieues.

Il faut toujours veiller aux attaques possibles de la garnison de Montmédy, qui est à peu de distance. Le pays mamelonné, accidenté, couvert de forêts, se prête parfaitement aux surprises.

On arrive enfin à Marville ; les Princes y établissent leur quartier général. L'avant-garde va une lieue plus loin, à Flabeuville, dans l'étroite vallée de la Chiers. Le chemin qui y mène dévale avec une rapidité vertigineuse ; mais enfin on est en sécurité, déjà loin des Patriotes (1).

La pluie torrentielle inonde l'étroite vallée de la Chiers. Le village de Flabeuville est sans ressources et les équipages n'arrivent pas. Les chevaux sont toujours au bivouac. On manque de tout, même en donnant des bons de réquisition. C'est une misère sans nom. Il faut coucher sur la paille, heureux encore quand on a la bonne fortune d'en trouver. Les uns sont entassés dans les granges et les écuries ; les autres dorment en plein air, parfois sous la rafale ou la bise et parfois sous les étoiles ; nombreux sont les malheureux qui ne se réveillent pas ; et, le matin, pour sortir de là, on enjambe les cadavres, pauvres êtres entrés dans la gloire du passé, qui, la veille encore, escomptaient l'avenir.

On n'a plus qu'une pensée et qu'une occupation : ne pas mourir de faim. Il en est qui en sont réduits à manger les grains de blé qu'ils trouvent sur le chemin, d'autres même cherchent des racines à la lisière du bois.

Le 9 octobre, on se dirige sur Longuyon. L'avant-garde suit la

(1) Flabeuville, canton de Longuyon (Meurthe-et-Moselle).

vallée de la Chiers et de la Crusnes ; tantôt on passe dans des sentiers abominables ; tantôt on défile sur le coteau, dans des chemins creux, sur les pentes boueuses. On traverse Longuyon et on atteint à grand'peine Fermont (1). On n'a pas de vivres, on achète tout à grands frais. Les hommes sont quinze ou vingt dans les maisons.

Le corps de bataille reste à Longuyon, où les Princes ont leur quartier général. Ils n'osent même plus sortir le jour et leur maison reste close hermétiquement. Ils veulent éviter les plaintes qui leur déchirent le cœur et se dérober aux mains suppliantes, aux gémissements de ceux qui ont faim. Déjà ils sont injuriés, méconnus, vilipendés.

La petite ville est encombrée de bagages. Ceux qui errent dans les rues, transis sous l'averse, ont le front incliné, l'âme qui penche, se traînent péniblement ; et pourtant il en est encore qui, subissant l'atavisme, restent des mendiants arrogants, sous leurs guenilles !

Dans une halle spacieuse, six cents malheureux sont entassés ; les morts et les moribonds se coudoient ; leurs plaintes se mêlent aux cris de douleur, aux appels qui restent inentendus ! C'est une scène de désolation tellement lugubre que rien ne peut la rendre.

L'arrière-garde, laissée le 5 octobre à La Neuville, près de Stenay, sous les ordres du marquis de Jaucourt, ne suivit pas les Princes à Dun ; elle alla rejoindre à Petit-Failly, près de Longuyon. Elle traversa Stenay le 6 et fut dissoute le même jour. De Jaucourt fit place à de Palis. Elle coucha le soir à Quincy, où elle passa deux jours (2). Le commandant fit exécuter des reconnaissances ; les Patriotes de Montmédy vinrent l'attaquer et s'emparèrent des caissons et des voitures. Dumouriez avait prévenu Ligniville de leur passage.

L'armée s'émiettait ; ce n'étaient plus que des lambeaux de régiments. Aussi les Princes font-ils dire par le maréchal de Broglie qu'on accorde des congés et des passeports à tous ceux qui en demanderont. C'est le commencement de la dispersion. Cet avis provoque une tristesse profonde chez ceux qui sont ruinés : ils allaient être sans aucune ressource pour l'hiver. Et, cependant, ils ont encore, l'un pour l'autre, la pitié des faibles et la solidarité

(1) Fermont, canton de Longuyon (M.-et-M.).
(2) Petit-Failly, canton de Longuyon (M.-et-M.).
Quincy, canton de Montmédy (Meuse).

des vaincus ; ils se partagent leur maigre bourse. Ils ont déjà
créé une caisse pour venir en aide à ceux qui sont dans le besoin.
M. de Chazerat y a versé 19,000 francs et M. de Pontgibaud 14,000 :
ils ont ainsi réuni 50,000 francs. Mais il fallut en prêter les trois
quarts aux Princes, et ce modeste reliquat s'est rapidement épuisé :
on ne peut plus s'entr'aider. La misère grandit chaque jour. Les
paysans refusent de les recevoir et les traitent comme des chiens
errants ; ils vendent, pour vivre, leurs chevaux à des prix ridicules,
et, quand la faim est trop impérieuse, ils tendent la main !

Le maréchal de Broglie délivre chaque jour des passeports.
Beaucoup d'émigrés prennent le chemin des Pays-Bas, de la
Suisse ; d'autres vont à Coblentz, espérant y retrouver leurs
anciens hôtes.

Le 11 octobre, l'avant-garde part de Fermont, flagellée par la
pluie. Elle passe par Lexy et va quitter la France. Les régiments
cantonnés à Longuyon suivent la même route. L'arrière-garde va
de Petit-Failly à Cutry et, le lendemain, elle gagne Arlon (1).

Les paysans exaspérés menacent l'arrière-garde et sont cruels
pour ceux qui s'éloignent de la colonne. Deux officiers bretons,
traqués dans les bois, aux environs de Sedan, sont dépouillés de
leurs vêtements et fusillés dans un fossé.

Au bord des routes, hommes et chevaux s'affalent sur le soi et
entravent la marche ; il faut pratiquer des passages dans les
champs. On ne prête plus aucune attention à ceux qui tombent :
on n'a pas le temps de les plaindre, et, quand vient la nuit, les
roues des équipages broient les jambes des pauvres morts avec un
craquement sinistre.

Les officiers hâtent leurs hommes, et le torrent des fugitifs roule
tumultueux vers la frontière, comme poussé par le vent de la
désespérance. Ils sont en guenilles, demi nus, les pieds saignants.
Ils n'ont pas quitté leurs habits ni leurs bottes depuis Saint-
Hilaire. Des cavaliers nombreux portent leurs femmes en croupe :
les malheureux se lamentent, cherchant en vain un abri, un peu
de paille et de quoi ne pas mourir de faim. Lorsqu'on aperçoit un
clocher, on reprend courage, on caresse l'espoir de trouver un
asile et des sentiments humains ; mais chaque jour apporte de
nouvelles mélancolies, et maintenant les maisons sont closes, les
volets fermés, les granges barricadées, avec, au-dessus de leurs

_(1 Lexy et Cutry, canton de Longwy (M.-et-M.)

portes, des chouettes lugubres clouées au mur. Pas une main tendue, mais des visages durs et haineux. On les chasse avec brutalité. Leurs souffrances, hélas! ne trouvent aucune consolation. leur douleur aucune pitié, et l'appel des désespérés demeure sans écho !

Ce fut le 11 octobre que les Emigrés passèrent la frontière, où ils abandonnèrent leurs prisonniers. Ils étaient entrés en France le 29 août, brillants et présomptueux, pleins d'espérances et d'illusions. Ils en sortaient vaincus, loqueteux, désespérés.

Et maintenant, quand allaient-ils revoir le bien-aimé ciel de France? Ils étaient bannis, condamnés à mort, et leurs biens confisqués. Déjà on détruisait leur mobilier, on prenait leurs récoltes, ou brûlait les richesses artistiques et littéraires des châteaux.

En s'éloignant de la France, il semblait que de leur être quelque chose se détachât, mort à jamais, qui ne renaîtrait plus ; ils étaient, à cette heure, plus que jamais hantés de la nostalgie du foyer perdu ; leur cœur s'angoissait en revoyant les landes, les bruyères, le manoir aux fossés fleuris de joncs ; ils se rappelaient, dans les lointains de leur mémoire, le vers virgilien :

Nos patriæ fines et dulcia linquimus arva,
Nos patriam fugimus (1).

Ils songeaient tristement à leurs frères d'armes qui manquaient à l'appel, à la famille dispersée, et, à chaque instant, ces souvenirs leur revenaient douloureusement à la pensée, comme l'obsédant refrain d'un vieil air !

L'avant-garde arrive au village luxembourgeois de Rodange. On n'a rien préparé pour les recevoir. Ils traitent à l'amiable avec les braves gens du village, et on leur donne, en payant, le vivre et le couvert.

Déjà l'état-major a disparu. La nuée des aides de camp, la foule des officiers d'antichambre, tous les fats, toutes les pompeuses nullités dont les Princes ont eu la faiblesse de s'entourer, sont partis. Ils ont abandonné leurs chefs, souvent d'une façon indécente, sans respect pour la royauté.

Les officiers généraux se sont éloignés en grand nombre. Caraman est parti la veille, et de Beaune l'a suivi ; ces défections ne font qu'aggraver le découragement des malheureux qui sont contraints de rester.

(1) VIRGILE : *Eglogn*, I.

La pluie reprend de plus belle le 12 octobre ; on rejoint la chaussée qui mène à Arlon. C'est là que vont s'entasser leurs lamentables cohortes, et dans les villages voisins ; les derniers arrivés s'arrêtent à Weiler. A Frésange, une brigade est indignement exploitée.

L'infanterie laissée à Thionville passe par les mêmes alarmes pour regagner Arlon. En apprenant les désastreuses nouvelles de Valmy, ils quittent leurs campements. Le maréchal de Broglie était déjà parti d'Uckange, près de Thionville, le 20 septembre. Ils arrivent à Etain le 23, où ils attendent des nouvelles, avant de se porter sur Verdun. Du 4 au 6 octobre, ils errent à l'aventure sur les chemins de Dieppe, Ornes, Mogeville et Morgemoulin (1).

Le 11, Gœthe rencontrait encore à Etain une foule de fugitifs, piétons, militaires, bourgeois, femmes, enfants, sur des véhicules de toutes provenances et même dans d'élégantes voitures argentées, dorées, comme un torrent qui roulait vers Arlon et débordait sur les prairies. Nombreux furent les retardataires qui, fuyant la colère des Patriotes, s'égarèrent sur les chemins qui mènent à la frontière. Il faut lire les lamentations de Chateaubriand et de Las Cases, sur l'horreur du temps, sur les maladies qui décimaient les régiments. Ils étaient tellement découragés que, lorsqu'ils enfonçaient dans la terre amollie, ils voulaient y rester et y mourir : il fallait que leurs compagnons vinssent les en arracher. Derrière eux, fuyaient des familles entières, ruinées, en haillons, se jetant même aux pieds des émigrés pour avoir du pain. Des chariots, où s'entassaient des malades, femmes et vieillards, furent abandonnés aux outrages de la cavalerie prussienne, qui volait et pillait de tous côtés (2).

Enfin, après des alternatives diverses, l'infanterie venue de Thionville arrive à Cons-la-Grandville le 13 octobre : le 14 elle sort de France pour rejoindre Arlon (3).

Derrière eux se pressent les Hessois, les Autrichiens d'Hohenlohe et enfin les Prussiens ; ils vont d'Etain à Nouillonpont et à Longuyon (14 octobre). La discorde grandit dans leurs rangs. Ils trouvent les villages ravagés, les routes obstruées par les véhicules et les ambulances ; on jette les malades dans la boue. Ils eurent

(1) Ornes, canton de Charny. — Dieppe, Mogeville et Morgemoulin, canton d'Etain (Meuse).
(2) F. DE CEZAC (Souvenirs de), Dix ans d'émigration, Paris, 1909, in-12.
(3) Cons-la-Grandville, canton de Longuyon (Meurthe-et-Moselle).

une panique à Longuyon, où on pilla les maisons, où on incendia les usines (1).

Les débris des régiments nobles étaient entrés le 12 octobre à Arlon, dans un désordre et une confusion dont on ne peut se faire une idée. Les chemins étaient encombrés de caissons renversés, d'affûts brisés, de canons embourbés ; on abandonnait des chariots de toutes formes, culbutés dans les ravins, les roues démontées. La voiture où l'on fabriquait les assignats était au milieu de charrettes chargées de malles, de meubles entassés, souvenirs de l'ancienne opulence ; des caisses sans nombre gisaient, éparpillées dans la boue. Les chevaux étaient harassés, fourbus ; les uns restaient encore debout, squelettiques, mourant de faim ; les autres étaient terrassés, agenouillés, le nez au sol, morts, leur cadavre roidi entre les brancards. Et, au milieu de ce chaos funèbre, étaient couchés les moribonds pitoyables, avec des yeux perdus de bêtes lasses, et les pauvres morts enfouis dans la fange, leurs bottes trouant le sol !

C'était le convoi de la monarchie agonisante.

Il n'y a à Arlon personne pour les recevoir ; les magistrats n'ont pas reçu d'ordre et se refusent à les loger. Il n'y a pas de pain. Les Princes et leur suite se retirent dans une auberge, déjà encombrée d'officiers et de familles nombreuses. Il n'y a qu'une table d'hôte.

La petite ville regorge d'émigrants français. On y rencontre même des Cisterciens de l'abbaye d'Orval, dont le couvent avait été envahi par les patrouilles de La Barollière, de Leveneur et de Ligniville, de Montmédy. Les soldats de Myaczinski pillaient leurs fermes : à Blanchampagne, ils avaient enlevé linge, chevaux, vaches, brebis, volailles ; ils avaient détruit le mobilier et insulté les habitants. Les moines étaient à Arlon à l'arrivée des Princes. Leur cellerier paya 20 florins 15 sols au charretier qui conduisait les caissons de Monsieur. C'était bien là la sympathie du malheur(2).

Cependant, le 13 octobre, le commissaire impérial arrive et fait des excuses aux Princes ; il travaille avec eux pour procurer des rations aux effectifs restants et leur assurer des subsistances jusqu'à Liège.

Alors les corps se désorganisent ; les Princes en sont réduits à

1) Nouillonpont, canton de Spincourt (Meuse).
(2) Orval, prov. de Luxembourg belge, au voisinage de la frontière française.
Blanchampagne (Sailly), canton de Carignan (Ardennes).
Cf. TILLIÈRE, Histoire de l'Abbaye d'Orval, Namur, 1897.
DE FELLER, Journal historique et littéraire, 15 octobre 1792.

la dure nécessité de congédier les officiers de leur maison et leurs pages ; ils leur laissent leur monture et une maigre gratification. Combien d'officiers, qui avaient déployé un luxe princier, étaient aujourd'hui sans argent, forcés de vendre leurs chevaux à vil prix ?

Ils invitent les émigrés à se retirer et, après une semaine, ils les licencient.

Ce sont des scènes déchirantes. Le courage les abandonne. Il va falloir désormais affronter la misère ou la mort, et, à cette pensée, ils ont dans les yeux l'angoisse de ceux qui attendent la catastrophe.

Il en est qui sont sans argent et ne savent que devenir l'hiver : ils prennent le parti de se suicider.

Le plus grand nombre n'a de ressources que dans le revenu de leurs terres : la Révolution a tout pris. Ils savent qu'en rentrant en France, ils trouveront fermée l'ancestrale demeure, ou démoli le vieux château, et les pierres dispersées. Les jeunes, ardents à vivre, se demandent où ils iront planter la tente familiale et redresser leur vie brisée.

D'autres gardent l'immobilité de leurs croyances et espèrent encore, sur les ruines de la monarchie, bâtir un nouvel ordre de choses. Ils croient toujours à la revanche : un commandement, venu de haut, les eût encore rassemblés en un solide faisceau. Ne disait-on pas qu'une armée russe arriverait au printemps et qu'un corps d'émigrés, à la solde des puissances, ferait la guerre aux Patriotes ?

Le plus grand nombre prend la détermination de rentrer dans l'armée de Condé ou de Bourbon. Quelques-uns mettent en pièces leur uniforme et revêtent la blouse du paysan pour gagner la Bretagne ou la Vendée. Enfin, les désespérés renient leur foi monarchique, et, sous un faux nom, s'engagent dans les armées de la République. Presque tous accablent de reproches les Princes — tristes bergers qui n'avaient su conduire leur troupeau !

Cette armée superbe, avec ses riches uniformes et ses noms sonores, qui retentissaient comme le choc des armures ; cette armée qui devait prendre les villes en passant, entrer triomphalement à Paris et pourfendre la Révolution ; cette armée s'effondrait en quelques jours, comme anéantie par un monstrueux cataclysme ! (1)

Et, pendant ce temps-là, ironie du destin, les femmes des

(1) Cf. MASSENBACH, Mémoires, I, 47.
Major HAUSENDLAS, Mitteilungen des K. K. Kriegs Archiv., VII, 112.

Émigrés, à Coblentz, à Trèves, à Luxembourg, à Bruxelles, croyaient à la victoire et étaient tout à la joie !

Tout le monde plaignait les Émigrés, surtout ceux qui avaient une nombreuse famille et qui erraient depuis de longs mois sans trouver un asile. Maintenant ils étaient abandonnés de tous, sans pain, sans souliers, meurtris, ne sachant où reposer leur tête. Du moins ils espéraient, à l'heure déchirante de la séparation, que les Princes, grandis par la défaite, dans la majesté de leur désespoir, allaient leur faire des adieux pleins d'effusion et de grandeur sereine. Mais ceux qu'attardaient les plaies saignantes du corps et de l'âme les virent entrer chez Mme de Balbi et Mme de Polastron, ces divinités ! Alors les proscrits furent pris d'une immense tristesse, et, couverts de guenilles — mais avec la croix de Saint-Louis — ils reprirent leur marche douloureuse dans les boues de l'Ardenne, la gorge serrée, en songeant aux secrets de l'avenir !

SOURCES

D'Espinchal, man. cité.

Goethe. Campagne de France, trad. Pouchat. in-12, Paris, 1891.

D'Anglas (Ollivier). Mémoires, Paris, 1824.

Médard-Bonnart (Histoire de), Epernay, 1828, 2 v., I. 45 et suiv.

A.-H. Dampmartin. Coup d'œil sur les campagnes des Émigrés, Paris, 1828.

Baron de Crossard. Mémoires militaires et historiques, Paris, 1829, t. I.

Châteaubriand, Mémoires d'Outre-Tombe, Paris, 1834, t. II, passim.

De Las Cases, Mémorial de Sainte-Hélène, Paris, 1842, t. II.

Comte de Mesnard, Souvenirs intimes, Paris, 1844, 3 v.

Comte de Neuilly, Souvenirs et Correspondance, Paris, 1865.

Comte de Contades (Souvenirs du), Paris, 1888.

H. Forneron, Histoire générale des Émigrés pendant la Révolution française. Paris, 1884, 3 v.

Chuquet, Retraite de Brunswick, Paris, 1887.

Alb. Sorel, L'Europe et la Révolution, Paris, 1887, 3 v.

De Norvins, Mémorial, pub. par de Lanzac de Laborie, Paris, 1896.

Comte de Moriolles, Mémoires, Paris, 1902.

F. de Cézac. Souvenirs de, Dix ans d'Émigration, Paris, 1909.

XIV

PIÈCES JUSTIFICATIVES

I

Du 25 janvier 1793.

Aujourd'hui, 25 janvier 1793, les 10 h. du matin, le Conseil général de la Commune de Dun étant en la maison commune dudit Dun, séance publique tenante, l'assemblée formée, un membre a dit :

Citoyens,

Depuis le commencement d'octobre le cris de la vengence se fait entendre de tous les coins de cette ville ; d'un côté ce sont les chefs de famille qui réclament l'autorité des loix pour faire punir des coupables qui ne respirent dans vos murs que pour y espionner et vous trahir de nouveau et d'un autre ce sont des Citoyens qui gémissent encore des vexations que ces traitres leur ont fait éprouver ; la clameur publique vous dénonce Philippe Aublin, Jean-Pierre Lefebvre, Louis Chepy et d'autres quidams leurs complices et agents comme les instigateurs des désordres, pillages et autres exactions commis et exercés envers de nos concitoyens par les armées étraugères et notamment par cette horde de brigands qui a habité dans vos murs depuis l'invasion du pays par les armées étrangères jusqu'à leur retraite.

Ces vexations consistent : 1° en quantités d'ordres arbitraires signées des individus dont est question, donnés à différents citoiens de fournir des d'enrées à l'ennemy sous peine d'exécution militaire ;

2° En la dénonciation qu'ils ont faits aux ennemis de nombre de citoiens connus par leur civisme, dont trois ont été arrêtés, liés, garrottés et trainés à pied a Verdun ou l'ennemi était maitre ; 3° en ce que par ces dénonciations quantités de citoiens ont été forcés d'abbandonner leur domicilles et d'être fugitifs aussi longtems que l'ennemi a occupé le territoire de la République ; 4° Avoir contraint différents habitants de cette ville de servir de guides à leurs satellites et de les conduire chès les personnes dénoncés tant au dehors que dedans pour faire arretter ces personnes ; D'avoir cherché à favoriser le passage des armées étrangères en contraignant les particuliers de faire rétablir les chemins où elles devaient passer, et signer des invitations aux communes voisinnes d'en faire autant ; d'avoir apostrophés des citoyens en les traitants de factieux et menacés de les faire pendre ; d'avoir portés l'alarme dans différentes familles en disants que les princes avaient arrêttés, que tous les juges de Paix et leurs grefflers seraient pendus, d'avoir arboré la cocarde blanche et tous les signes de contrerévolutions ; d'avoir traité splendidement les officiers des armées ennemies et notament les Emigrés ; d'avoir menacé les gendarmes nationnaux de la brigade de Dun en leur disant que si tels et tels n'étaient pas arrettés, ils seraient punis et qu'ils en écriraient aux princes ; d'être sortis de cette ville, du côté de Verdun, pour aller à la rencontre du prince de Ligne pour l'assurer de leurs bonnes intentions envers son armée, qu'il n'avait qu'à ordonner et qu'en leurs qualités de magistrats de la ville, ils feraient exécuter ses ordres ; d'avoir arbitrairement jetté une imposition sur les habitants de Dun, laquelle a été levée par le Né Pognon, leur sergent de ville, sans qu'on ait seu ou le montant est passé ; d'avoir fait arretter et conduire chez Mʳ Lefebvre des citoiens où là il leur fut dit vous êtes des Geux *(sic);* vous aves été à l'armée française, vous êtes des espions, nous allons vous dénoncer aux chefs des armées ennemies et vous serez pendus ; d'avoir dit à d'autres citoiens si vous ne rendes vos armes vous serés dénoncés ; d'avoir contraints des citoiens à leur fournir des volailles de toutes espèces pour traiter les officiers prussiens ; d'avoir levé en cette ville différentes contributions dont on ignore l'employ ; d'avoir eu des intelligences avec les armées ennemies et notamment avec les ci-devans princes français auxquels ces individus sont allés faire visitte. Enfin d'avoir arboré sur le clocher de cette ville un drapeau aux couleurs du ci-devant prince Condé, d'avoir fait ôter la devise qui y était placée conçue en ces termes : *La Liberté ou la mort ;* d'avoir livré les écharpes et le drapeau tricolore et fait barbouiller un des ponts de cette ville parce qu'il était peint aux couleurs nationales, etc., etc., etc.

L'Assemblée, considérant que tous ces faits regardent la police de sureté Généralle, et que la loi du 11 août dʳ charge spécialement les municipalités de son exécution et qu'étant important pour la vindicte publique d'éclairer les faits ci-dessus, a arrêté que le procureur de la Commune en rendra plainte et fera informer par devant le Conseil municipal pour les informations faittes, se conformer à l'article 4 de la loi dudit jour 11 août dernier.

Délibéré les jour et an que dessus.

Ont signé : MASSETTE, maire ; ALLIN, P. CHOVORY, ANTOINE, FAISANT le jeune, GUYOT, H. GORCY, DROUET, JUILLIEN, RAUGER, AMBROISE, FOURRIER (1).

II
Escadron de la marine.

Il est ordonné à l'escadron formé des officiers du corps royal de la marine, qui est à *Villé devant Dun,* d'en partir demain dix sept du courant, immédiatement après que les cornettes de Monsieur et d'Artois seront passées par ce cantonnemⵜ, c'est-à-dire vers huit heures et demie ou neuf heures du matin.

Cet escadron ira cantonner à *Toges,* 3/4 de lieue environ en deça de Vouziers venant de Buzancy. Il observera de marcher le plus militairement et dans le plus grand ordre possible.

L'escadron de la marine se pourvoira de pain, de viande et de fourage dans son cantonnement et il en donnera les reçus à la municipalité.

Le quartier gᵃˡ à Vouziers.

Fait à Dun le 16 7ᵇʳᵉ 1792.

Le Mᵃˡ DE CASTRIES (2).

(1) Archives municipales de Dun-sur-Meuse.
(2) Collection du Dʳ O. Guelliot, de Reims.

III

Manifeste des Emigrés au moment d'entrer en Champagne
(Septembre 1792).

Tout bon Français aux champs de la victoire
Sera bientôt guidé par des Bourbons ;
Pour aplanir le chemin de la gloire,
Ils donneront exemples et leçons.
Et les vilains qui gouvernent la France,
Verront enfin les chevaliers français,
Se rappelant leur antique vaillance,
De leurs ayeux rajeunir les hauts faits.

Braves Français, sur les bords de la Seine
Languit, captif, votre roi malheureux :
Pour son bonheur, pour votre auguste reine,
Vous ne formiez que d'inutiles vœux.
Voici l'instant ; le jour de la vengeance
Vient luire enfin à mon œil enchanté.
Nous offrirons, en délivrant la France,
Un grand exemple à la postérité.

Des scélérats ont dans notre patrie
Porté le feu, le fer et le poison,
Autorisé le meurtre et l'incendie,
Légitimé le vol, la trahison.
Marchons, amis ! il faut punir les crimes ;
On a compté sur un plus long sommeil ;
Et, puisqu'il faut immoler des victimes,
Frappons : la mort doit suivre un tel réveil.

Peuple français, la trompette guerrière
Ne nous doit pas inspirer de terreur,
Car, cette fois, le signal de la guerre
Sera pour vous le signal du bonheur.
Nous vous rendrons pour monarque un bon père,
Vos magistrats, vos prêtres et vos lois,
Votre gaité, votre ancien caractère
Et votre amour, si vanté, pour vos rois.

Aux temps heureux de la chevalerie
Nos anciens preux servaient avec ardeur
Leur Dieu, leur roi, leur dame, leur patrie :
Mêmes motifs pressent notre valeur.
Sexe charmant, secondez la vaillance :
Nous vous devrons l'aurore d'un beau jour,
Et, si de vous on requiert espérance
Promettez tout : ne tenez qu'au retour (1).

---

(1) *Romancero de Champagne*, V, 3ᵉ p., p. 96. — Bibl. Nat. Petit recueil de chansons aristocrates, par le plus aristocrate de tous les chevaliers français.

Chanson des Emigrés de l'Armée des Ardennes

(Septembre 1792).

Quand les émigrés reviendront
Dans leur malheureuse patrie,
Nos tyrans alors recevront
Le prix de leur friponnerie.
Bon ! Bon ! j'espère et vite et tôt ;
Tout s'arrangera comme il faut.

Marauds, qui méritez cent fois
Le carcan, la marque et la corde,
Vous voilà réduits aux abois :
Pour vous plus de miséricorde.
Bon ! etc.

Bon roi, tu dormiras bien mieux,
Quand des émigrés le courage
Chassera de devant tes yeux
De ton geôlier le plat visage.
Bon ! etc. (1).

***

La chanson des Emigrés bourgeois.

Qu'il est cruel d'adorer un bon maître
Et de n'oser pour lui se déclarer !
Mais, quelque jour, j'ai lieu de l'espérer,
A ma valeur il saura me connaître.

Je suis Français, ma naissance est commune,
Mais mon cœur est plus noble que mon sang :
Pour le verser, je cours prendre mon rang...
Ah ! puisse-t-il finir son infortune !

Pour l'arracher de sa prison infâme,
Sur notre amour nous fondons notre espoir !
Pour notre chef, si l'on ne peut le voir,
Sa présence est dans le fond de notre âme (2).

(1) *Romancero de Champagne*, V, 3ᵉ p., p. 98.
(2) *Romancero de Champagne*, id , p. 99.

IV

Formation de la Cavalerie de l'Armée des Princes
le 21 Septembre 1792
dans les plaines de Champagne.

(Avant-garde (1200 cavaliers)

Le maréchal de Castries.

Le marquis de Jaucourt, lieutenant-général.

Le marquis de Béthune — Duc de Laval — Comte de la Galissonnière — Comte de Thumery, maréchaux de camp.

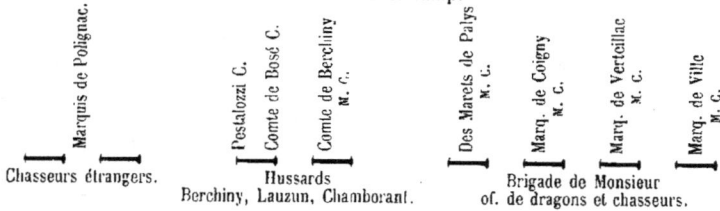

Marquis de Polignac.

Chasseurs étrangers.

Pestalozzi C. — Comte de Bosé C. — Comte de Berchiny M. C.

Hussards
Berchiny, Lauzun, Chamborant.

Des Marets de Palys — Marq. de Coigny M. C. — Marq. de Verteillac M. C. — Marq. de Ville M. C.

Brigade de Monsieur
of. de dragons et chasseurs.

Première ligne (maison du Roi)

Attachés à cette ligne : Cte d'Autichamp — Cte de Lamberty — Marquis de Dampierre — Cte de Montsoreau, maréchaux de camp.

Colonne de Gauche

Cte de Montboissier, L. G.
Marquis d'Autichamp, M. C. — Marq. de la Vaupalière, L. G.

Colonne de Droite

Duc de Guiche, L. G.
Duc de Coigny. — Duc de Guines, L. G.
Cte d'Agout, aide-major général, M. C.

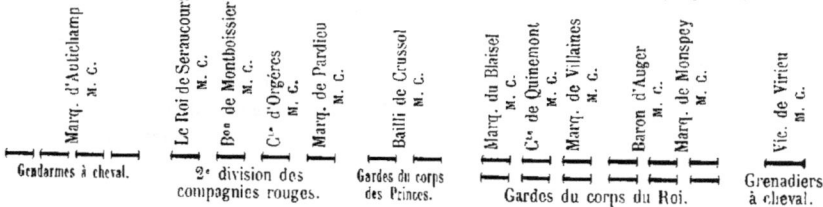

Marq. d'Autichamp M. C.

Gendarmes à cheval.

Le Roi de Seraucourt M. C. — Bon de Montboissier M. C. — Cte d'Orgères M. C. — Marq. de Pardieu M. C.

2e division des compagnies rouges.

Bailli de Crussol M. C.

Gardes du corps des Princes.

Marq. du Blaisel M. C. — Cte de Quinemont M. C. — Marq. de Villaines M. C. — Baron d'Auger M. C. — Marq. de Monspey M. C.

Gardes du corps du Roi.

Vte de Virieu M. C.

Grenadiers à cheval.

Seconde ligne

Duc de Villequier L. G.

Comte de Rohan, L. G.
Marquis d'Ambly, M. C.

Comte de Caraman, L. G.
Chevalier de Durfort, L. G. — Vte de Beaume, L. G.

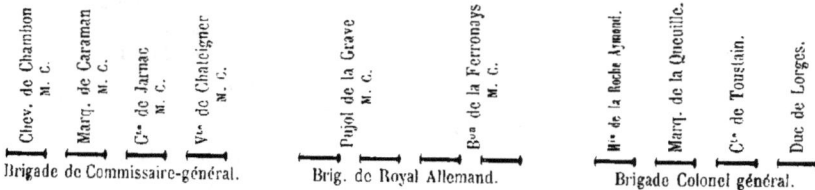

Chev. de Chambon M. C. — Marq. de Caraman M. C. — Cte de Jarnac M. C. — Vte de Chateigner M. C.

Brigade de Commissaire-général.

Pujol de la Grave M. C.

Bon de la Ferronays M. C.

Brig. de Royal Allemand.

Mis de la Roche Aymont — Marq. de la Oneuille. — Cte de Toustain. — Duc de Lorges.

Brigade Colonel général.

Réserve

Marquis de la Porte-Vézins, chef d'escadre.

Escadron des officiers de la marine royale.

(DE CHAMPFLOUR, *La Coalition d'Auvergne*, Riom, 1899).

V

23 septembre 1792.

A M. le duc de Coigny.

M. le maréchal de Castries me charge d'avoir l'honneur de vous informer que les Princes viennent d'arrêter que l'avis qu'il vous a été donné hier au soir relativement à l'emplacement des troupes à cheval de l'armée aura son effet aujourd'hui 23 dans la matinée.

Vous voudrez donc bien en conséquence donner vos ordres pour que les grenadiers à cheval, les gardes du corps du Roi et les deux escadrons des gardes du corps des Princes aillent s'établir à Somme-Suippe et la brigade du Colonel général ainsi que le régiment du Royal allemand à St-Jean sur Tourbe.

Vous devez avoir été également prévenu que M. le Mis de Jaucourt avoit ordre d'occuper avec l'avant-garde le village de La Croix de Champagne, comme je suppose qu'il vous aura donné avis, je présume que vous déterminerez l'heure de votre départ de manière à ce qu'elle trouve le village évacué à son arrivée (1).

VI

A M. le Cte de Caraman.

23 septembre 1792.

M. le maréchal de Castries me charge d'avoir l'honneur de vous informer que le village de St Jean sur Tourbe qui est destiné à la brigade du Colonel général, au régiment Royal allemand et à l'escadron de la marine, est occupé par les Autrichiens, et qu'il a décidé d'après l'avis qu'il en a reçu que ces trois corps iraient occuper aujourd'hui 23 le village de Laval à une demie lieue de St Jean sur Tourbe, vous voudrez bien, en conséquence, donner vos ordres pour faire partir tout de suite le logement du Colonel général et du Royal allemand, et fixer l'heure du départ de ces deux corps, qui se pourvoiront de fourrage, dans le lieu de leur cantonnement, moyennant des reçus qu'ils en donneront au maire.

J'ai l'honneur d'être... (2).

VII

A La Croix, le 27 septembre 1792.

Monsieur le baron de Mandell, colonel du Royal allemand, choisira un officier de confiance avec 12 maîtres pour se rendre avec les plus grandes précautions vers le village d'Aure sur le chemin de Ste-Menehould à Chalons, pour s'informer s'il n'a pas passé de troupes de Chalons à Ste-Menehould, et en général de tout ce qui se passe dans toute cette partie. Il est prévenu que M. le marquis de Jaucourt, dont l'avant-garde est placée à St-Remis, fait des patrouilles, sur cette chaussée, et a été le matin jusqu'au pont de Somwells près de Chalons; il est aussi prévenu que l'avant-garde de M. de Clairfait peut être à la Chapelle, au delà de la chaussée de Chalons à Ste-Menehould sur sa gauche, il n'entrera

---

(1) Arch. nat. AB xix 196. Armée des Princes. Etat-major de la cavalerie. Correspondance avec les officiers généraux et les corps des troupes à cheval.

(2) Arch. nat., id.

point dans le village avec sa troupe, ensuite il suivra la chaussée qu'il laissera sur sa droite, dans la direction de S*-Menehould à Chalons, pendant environ une demie lieue, et après avoir bien examiné tout ce qui est relatif à l'objet de sa mission, il reviendra au village de La Croix en rendre compte à M. le duc de Coigny.

[Signé] Le Comte DE CARAMAN (1).

VIII

Vouziers, 6 septembre. — **Ordonnance de police.**

« La municipalité défend sous les peines les plus sévères de tirer aucuns coups de fusil dans l'endroit ; cela est d'autant plus nécessaire que cela peut exciter une alerte dans le bourg, et qu'il pourrait être pris par l'ennemi, s'il étoit dans les environs, pour des moyens de résistance. En conséquence la municipalité défend de nouveau de tirer aucuns coups de feu sans ses ordres. » (2)

IX

Nous, Victor-François duc de Broglie, Maréchal-Général de France, Prince du St Empire Romain, Chevalier des Ordres du Roi, Gouverneur et Commandant en chef dans la province des Trois-Evêchés, cours de la Sarre et de la Meuse, frontières de Champagne et du Luxembourg, ci-devant Commandant en chef les Armées Françoises en Allemagne, et actuellement celle des Frères du Roi sous leurs ordres.

Il est ordonné à Monsieur le Comte de Clarac, Maréchal de Camp, Commandant la première compagnie noble d'Ordonnance d'envoyer des détachements du corps à ses ordres, aux villages de *Vandy, Téron, Neuville, Vonc, Vrizi, Grivy, Chardiny, Chaumont-Tourcelle, Mars,* et *Blaisse* où ils procéderont au désarmement des habitans desdits villages, et forceront les dits habitans à fournir sur lechamp la quantité de rations en pain, foin et avoine, auxquelles ils ont été taxés par M. le Mis de La Palu, et qui sont désignées dans la Nôte cy-jointe, et dont M. de Clarac donnera des reçus. Le village de Neuville n'ayant point été taxé, M. le Comte de Clarac voudra bien luy faire passer cet ordre, d'abord qu'il l'aura reçu.

Fait à Vouziers le 24 7bre 1792.

Le Maal duc DE BROGLIE (3).

X

Déclaration de Daumont, huissier.

Le 24 septembre, lors de l'arrivée des cy-devant gendarmes émigrés, j'ai été employé en qualité de guide et ai conduit un détachement à Vrizy, Grivy, Loisy, Chardeny, Quilly, Chaumont, Tourcelles, Mars et Blaise (4).

(1) Arch. nat. AB XIX n° 8. *Mémoire sur le régiment de Royal allemand,* par M. le chevalier de Planta, capitaine audit régiment.

(2) Ext. des registres et délibérations de l'Assemblée municipale de Vouziers.

(3) Collection du Dr Guelliot, de Reims.

(4) Archives de Vouziers, sept. 1792.

XI

Reçu de la communauté de Charbonne la quantité de deux mille livres de pain qu'ils ont fourny à M^{rs} les gardes du corps du roy de France pour le compte des quatre compagnies que monsieur le trésorier du prince voudra bien payés.

Fait à Vrizy ce 3 8bre 1792.

[Signé] Le Ch^{er} DE LANGE f^r major (1).

XII

Les députés extraordinaires au district de Grandpré, Puthaux et Boblique, exposent à la Convention que les malheureux habitants de cette portion de la République manquent à la fois de subsistance et de moyens de culture ; « les « bestiaux, les instruments de labourage, tout leur a été ravi ; la même épidémie « qui a été si funeste aux Prussiens a fait périr le douzième des citoyens de ce « District, et l'immensité des cadavres que recèle leur territoire fait redouter le « retour du printemps, comme l'époque où pourrait se développer des exalaisons « pestilentielles, capables d'y produire la mortalité ». Des procès-verbaux des autorités constatent que les pertes s'élèvent à *trois millions quatre cent mille livres.*

Décret de la Convention nationale, *du 25 mars 1793, l'an second de la République françoise, qui approuve l'arrêté des Administrateurs du District de Grandpré, qui ordonne la vente des orges et avoines trouvées chez les Emigrés.*

LA CONVENTION NATIONALE, après avoir entendu la lecture d'une lettre de ses commissaires dans les départemens de l'Aisne et des Ardennes, qui annoncent que les terres ne sont pas ensemencées, et transmettent un arrêté des administrateurs du district de Grandpré, qui ordonne la vente, au prix courant, des orges et avoines trouvées dans les maisons des émigrés, approuve cet arrêté, renvoie la lettre au comité d'agriculture, décrète que les administrations feront ensemencer les terres abandonnées, et renvoie au comité d'agriculture pour présenter rédaction séance tenante.

Collationné à l'original, par nous président et secrétaires de la Convention nationale.

A Paris, le 29 mars 1793, l'an second de la République Française. Signé : BRÉARD, président, L. B. GUYTON et J. B. BOYER-FONFREDE, secrétaires.

Grandpré, le 7 Pluviose
L'an 3e de la République une et indivisible.

Les administrateurs du district de Grandpré à la Convention nationale.

REPRÉSENTANS DU PEUPLE,

Lorsque vous avez mis la Justice et l'Humanité à l'ordre du jour, lorsque vous vous occupez imperturbablement à réparer les maux affreux qu'un système d'oppression, de terreur et de tyrannie a causé à la Patrie, nous sommes

(1) Arch. dép. des Ardennes, L, 632.

convaincus que vous écouterez avec bonté la voix que nous élevons vers vous en faveur d'une portion laborieuse du Peuple.

De tous les pays qui ont été le théâtre de la guerre en 1792, il n'en est pas qui ait autant et si généralement souffert que le district de Grandpré.

Ses habitans qui sont tous, ou cultivateurs, ou artisans, ou bûcherons, ont tout perdu, bestiaux, instruments aratoires, récoltes, linges, meubles, habillemens, tout a été la proye de nos cruels ennemis.

Les pertes vérifiées de ce district s'élèvent à une somme de deux millions huit cent quatorze mille quatre cent quatre vingt neuf livres.

Il a reçu en trois fois un secours provisoire de neuf cent quatre vingt huit mille sept cent quatre vingt dix neuf livres.

Vous avez décrété, citoyens représentans, que les deux tiers des pertes éprouvées par le fait de guerre seront remboursés incessamment.

C'est l'effet de ce décret que nous réclamons aujourd'huy au nom de nos administrés.

Leurs titres sont sacrés, vous avez promis, et ils sont actuellement dans la misère par le surhaussement des denrées et l'obligation où ils ont été de remplacer à un prix très cher ce qui leur a été pris.

Veuillez ajouter, citoyens représentans, aux sentimens de notre reconnaissance, en décrétant qu'il vous sera fait incessamment un rapport sur notre demande.

Vive la République, vive la Convention Nationale.

Pour copie

(Collection du docteur Guelliot, de Reims).

(Extrait de la *Revue d'Ardenne et d'Argonne*).

TABLE DES MATIÈRES

PAGES

AVANT-PROPOS... 5

I. — Les Emigrés à Coblentz......................... 7

II. — L'armée des Princes........................... 17

III. — Le siège de Thionville....................... 26

IV. — Les préliminaires de Valmy................... 32

V. — La bataille de La Croix-aux-Bois.............. 44

VI. — De Thionville à Verdun....................... 56

VII. — Le camp de Landres........................... 61

VIII. — De Verdun à Buzancy.......................... 68

IX. — Vers Valmy................................... 74

X. — Après Valmy................................. 84

XI. — Retraite..................................... 95

XII. — Séjour à Vouziers. Incendie de Voncq. Affaires de
Rethel et de Buzancy....................... 99

XIII. — L'exode. Affaire de Sy. Incendie de La Besace.... 111

XIV. — Pièces justificatives...... 133

www.ingramcontent.com/pod-product-compliance
Lightning Source LLC
Chambersburg PA
CBHW071759090426
42737CB00012B/1880